"藏"书丝路

——丝绸之路上的图书馆文化发展

王丽凤 著

远方出版社

图书在版编目(CIP)数据

"藏"书丝路：丝绸之路上的图书馆文化发展／王丽凤著. －－呼和浩特：远方出版社，2017.12
ISBN 978-7-5555-0940-0

Ⅰ.①藏… Ⅱ.①王… Ⅲ.①丝绸之路－图书馆文化－研究 Ⅳ.①G251

中国版本图书馆CIP数据核字(2017)第278874号

"藏"书丝路——丝绸之路上的图书馆文化发展
CANGSHU SILU——SICHOUZHILU SHANG DE TUSHUGUAN WENHUA FAZHAN

作　　者	王丽凤
责任编辑	蔺　洁
责任校对	蔺　洁
版式设计	默　宇
出版发行	远方出版社
社　　址	呼和浩特市乌兰察布东路666号　邮编 010010
电　　话	（0471）2236471 总编室　2236460 发行部
经　　销	新华书店
印　　刷	内蒙古爱信达教育印务有限责任公司
开　　本	170mm×240mm　1/16
字　　数	205千
印　　张	15.5
版　　次	2017年12月第1版
印　　次	2017年12月第1次印刷
印　　数	1—1500册
标准书号	ISBN 978-7-5555-0940-0
定　　价	38.00元

如发现印装质量问题，请与出版社联系调换

自序

四条壮美的丝绸之路就像一根根血脉，连接着中华大地，也缩短了我国各民族间的距离，促进了我们伟大民族的融合和发展繁荣。在丝绸之路地区，中华文明蓬勃发展，中华文明随着丝绸、茶叶等商品传入了西方世界，从此东西方紧密地连接在了一起。

图书是世界上最强大的无声语言，将知识、能量、精神等一代代地传承下去，文明的积淀、碰撞与融合在一本本书中有了"白纸黑字"的有力证据。作为一个图书馆人，我深爱着我的职业，也深爱着图书。图书对我来说更像是一位无所不知的长者，从他那里，我得到了所有问题的答案；从他那里，我清楚地看到历史长河在我眼前流过；从他那里，我摸索着人生的道路并得到指引。所以，我一直在思考，从古到今，在古老的丝绸之路地区，图书与图书馆到底经历了怎样的发展历程，图书馆文化又对丝绸之路地区更迭的政权和人民的生活带来了什么样的影响。

在这期间，随着高屋建瓴的"一带一路"战略的提出和实施，更加坚定了我对丝绸之路上图书馆文化研究的决心，也使我对这些方面的兴趣更加浓厚。所以，带着这样的思绪，结合我多年的工作经验和学习成果，在不断查阅资料、不断探讨和学习后，带着对中华文化满满的热忱，我决定通过图书这种形式和喜爱中国文化、对丝绸之路上的图书馆文化发展感兴趣的读者朋友们一起探讨丝绸之路上图书馆文化的变迁。

目前，研究丝绸之路上图书馆整体发展的课题还不多，很多已有资料都失去了时效性，这使得笔者在写作的准备阶段花了大力气，也消耗了大量的时间，有时为了思考怎么把一个小标题下的内容更通俗易读地讲述给读者，会耗费一个星期的时间。但是，幸运的是，我最终完成了这部作品，人言：十年磨一剑。我虽未用十年，但是这部作品里倾注着我全部的心血。

本书所写内容时间跨度非常大，从夏商时起，直至今日，描述了古今丝绸之路上图书馆事业的兴衰。由于篇幅所限，我没有对每一个时期完全展开，只为了让人们了解丝绸之路上图书馆的发展历史和图书馆事业为丝绸之路的发展带来了什么，也为激起更多的人对丝绸之路和图书馆文化研究的兴趣。同时，希望本书可以为丝绸之路地区图书馆文化发展的研究事业做出一点贡献。本人深知自己才疏学浅，虽然在竭尽全力完成本书，但书中定有不妥之处，还请读者宽谅、斧正。

作　者

2017年9月

于呼和浩特市

目录

第一章 中外知名图书馆概述

第一节 世界知名图书馆……………………………………………3

第二节 中国知名图书馆……………………………………………18

第三节 中国图书馆与世界知名图书馆之间的差距………………30

第二章 丝绸之路与中国图书馆的发展史

第一节 古代丝绸之路上藏书楼的形成与发展……………………39

第二节 近现代丝绸之路上的藏书事业的变迁……………………85

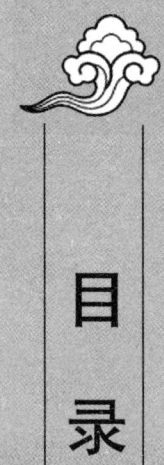

目录

第三章　大数据时代下图书馆事业与教育事业的发展

第一节　传统图书馆背景下教育事业的特点与劣势 …………………99

第二节　互联网技术和大数据技术推进图书馆事业变革……………117

第三节　智慧图书馆的形成和发展……………………………………137

第四节　智慧图书馆为新时期教育事业带来的变革…………………161

第五节　未来图书馆的几大猜想………………………………………171

第四章　丝绸之路区域内的中国图书馆建设

第一节　中华人民共和国成立后丝绸之路区域内的图书馆建设……189

第二节　改革开放以来丝绸之路区域内的图书馆事业………………203

第三节　"一带一路"区域内图书馆事业的新腾飞…………………221

第一章

中外知名图书馆概述

第一节　世界知名图书馆

如果说图书是人类智慧物化的最高体现，那么图书馆就是人类的精神宝库。从古至今，信息技术的传播离不开文字及其载体，文字的产生使信息可以通过载体传播，早期的文字（象形文字）是写在如兽骨、竹片、泥板等各种材料上的，而这些制作完成的文献发展到一定数量时，必须被储存和保护起来，图书馆便应运而生了。经过几千年的演变，现在的图书馆已经成为一个专门收集、整理、保存、传播文献并提供科学、文化、教育的机构。

公元前3000年以前，西南亚的"新月沃土"上的底格里斯河和幼发拉底河孕育了四大文明古国之一的古巴比伦王朝，这里被称为"人类文明的摇篮"。据考古发现，在古巴比伦王国的一处寺庙遗址附近，发现了大批被堆积在一起的泥板文献。最早的泥板文献是用来记录商贸交易和政府法律的，随着时间的推移，出现了关于诗歌、科学、历史和哲学等方面的文字，所以泥板也开始成为记录这些文学和科学知识的载体，其中最早的神话故事就出现在这些泥板上，所以说泥板文献是最早的书籍。而那处寺庙也被认定为现在已知的最早的图书馆。

考古学家也在如埃布拉、帕加马等传说中的古城遗址中上发现了许多古代图书馆，这也为证明这些曾经流传在神话和诗歌中的辉煌文明确实存在过提供了有力的证据。曾经的埃布拉古城只存在于虚无缥缈的传说中，但随着两万多块刻有楔行文字的泥板文献在考古工作者的帮助下重见天日，埃布拉古城曾经的繁荣和壮丽再次呈现在人类的面前。需要特别说明的是，这些泥板文献被发现时整齐地摆放在嵌入墙内的书架上，这也证明了埃布拉图书馆的存在。也正是有了这些图书馆的保护，古代文明才在一次次的战争和天灾中得以保存和传承。

亚历山大图书馆

位于埃及的亚历山大图书馆，始建于公元前3世纪，由曾经那个征服了大部分已知世界的亚历山大大帝的部将——托勒密一世创建，并以"收集全世界的书"为己任，这座图书馆也通过抄写古代典籍拥有了当时世界上最大的藏书量。为实现"世界知识总汇"的梦想，后来托勒密王朝的历代国王甚至都采取过一些非常手段：下令搜查每一艘进入亚历山大港的船只，只要发现图书，不论国籍，马上归入亚历山大图书馆。这也为亚历山大图书馆成为世界上最大最古老的图书馆奠定了坚实的基础。亚历山大图书馆在地中海地区传播文明近700年，即使是罗马帝国横行欧洲和北非的时代，亚历山大图书馆依旧屹立不倒，仍然是西方世界的知识圣殿，这也成就了其"人类早期历史上最伟大的图书馆"的称号。

亚历山大图书馆是古埃及文明、古希腊文明、古罗马文明史上的一颗闪亮的明珠，是一所集图书收集、科学研究、博物馆、翻译中心、印刷与出版为一体的综合性皇家图书馆。曾拥有公元前9世纪古希腊著名诗人荷马的全部诗稿，并首次在图书馆复制和翻译成拉丁文字；藏有包括《几何原本》在内的古希腊数学家欧几里得的许多真迹原件；对医学也有贡献的古希腊哲学科学家亚里士多德和学者阿基米德等均有著作或手迹留于此。这也是为什么说亚历山大图书馆为中世纪欧洲文化的繁荣有相当大贡献的原因之一。

其首任馆长是古希腊哲学家亚里士多德的弟子法拉雷乌斯。另外，由于四方学者纷纷云集此地，古希腊地理学家、天文学家、数学家和诗人埃拉托色尼，古希腊文献学家阿里斯塔克等不少历史名人也都曾出任过亚历山大图书馆的馆长。而诸如哲学家埃奈西德穆，数学家、物理学家阿基米德等睿智圣贤也均在此或讲学，或求学，这也使亚历山大图书馆享有"世界上最好的学校"的美名。

公元前250年左右，由于搜罗的图书太多，而图书又都是用纸草纸（又称莎草纸）或羊皮纸书写，体积太大，原图书馆很快就难以容纳了，于是托勒密二世在萨拉贝姆神庙中建成亚历山大图书馆的"子馆"。据推测，两馆当时共藏书70余万卷，结合当时的印刷和出版技术，这个数字是不可想象的，这也使亚历山大城成为当时世界艺术与科学的中心，也间接地说明当时亚历山大图书馆对希腊文化的传承和发展、对艺术和科学的发展和创新有着巨大的贡献。

亚历山大图书馆为方便读者查阅，专门编写了120大卷的分类书目，其中书名、作者名、作者生平等信息一应俱全，堪称最早出现的图书馆检索信息，为后世图书馆书目信息的检索工作起到了启示作用。不幸的是，亚历山大图书馆最终没有逃过被毁灭的命运。据传在公元前48年，亚历山大图书馆的大部分建筑和藏书毁于罗马恺撒大帝无意间的一把大火，之后的几百年中，残存部分也毁于战争和当地基督教的反异端暴乱。到了公元4世纪，其"子馆"也因一场大火被摧毁，不论是图书馆建筑还是藏书都只留在了传说中。至此，存在了近800年的亚历山大图书馆彻底消失了。

1995年，经过联合国教科文组织和埃及政府的共同努力，新的亚历山大图书馆——这颗地中海边的璀璨文化明珠重获新生！2002年，建成后的新亚历山大图书馆，矗立在托勒密王朝时期的亚历山大城古老的东港，这也是埃及复兴古城的关键举措。目前，图书馆已征集了大量珍贵图书、典籍、手稿、书画、摄影作品、世界各国古币等，拥有国际互联网、卫星式信息查询，并拥有数字化的亚历山大图书馆编目、管理、检索等多种先进手段。值得一提的是，中国在亚历山大图书馆的重建中捐赠了《中国通史》《二十四史》等极具收藏价值的作品500余套，这也是现代文明中东西方文化的一次直接交流。

新亚历山大图书馆设有图书馆、天文馆和会议中心，它创建了其特有的机构，如：信息研究的国际学校、文献及研究中心、科学博物馆、书法研究所、手稿博物馆、善本和文献保护中心等。其他的科学研究所可以通过总统令来增加并创建，这进一步提升了亚历山大图书馆的地位，总统可以通过法令来准确地给这些研究机构定位，这也使亚历山大图书馆在新时代中不仅作为藏书性质的图书馆存在，也可以更多地参与到文化研究当中去，为图书馆的发展提供了更多的方向。亚历山大图书馆还专门建立了信息技术部，由馆长直接领导，这反映出数字技术对现代图书馆的影响力以及图书馆对数字技术的重视，这与亚历山大图书馆发展成为引领数字时代的研究机构的目标是一致的。图书馆还容纳了一些国际机构，其中包括联合国教科文组织的阿拉伯民族委员会等。

目前，新的亚历山大图书馆在新的时代扮演着新的角色。它既是埃及的世界之窗，也是世界的埃及之窗。亚历山大图书馆利用先进的数字技术和其他优势资源，快速成为引领数字时代的研究机构及大型国际文化学习和对话的活力中心。

不列颠图书馆

不列颠图书馆又名大英图书馆或英国国家图书馆，其历史最早可追溯到1753年成立的大英博物院图书馆。1753年6月7日，英国议会下院正式通过建立不列颠博物馆的《大英博物馆法》，并于当日获得英国国王的批准，并在大英博物馆中开设了大英图书馆，这便是不列颠图书馆的雏形。

1972年，英国议会通过的《英国图书馆法》规定，第二年7月，大英博物院图书馆各部门、国立中央图书馆、国立科学技术外借图书馆、科学参考图书馆、科技情报局和英国国家书目局合并成立英国国家图书馆。国立中央图书馆主要为学生服务，1930年，由学生中央图书馆与中央图书馆合并而成，遂名国立中央图书馆；国立科学技术外借图书馆于1962年开始对外开展业务；科学参考图书馆成立于1855年，其主体是专利局图书馆；科技情报局原隶属于英国教育部，成立于1965年，是不列颠图书馆中最年轻的组成单位；英国国家书目局成立于1949年，大英博物院图书馆和英国图书馆协会是其创办者和合伙人，于成立的次年开始出版英国国家书目。分别在1982年和1983年，印度事务处图书馆与英国皇家文书局、国立有声资料馆先后并入了不列颠图书馆，使得不列颠图书馆的规模进一步扩大。不列颠图书馆虽然仅有200余年的历史，但其藏品可以上溯到3000年前，并且其藏品来自世界各地，是世界上最大的学术图书馆之一。其馆藏不只有图书，还有其他藏品，包括手抄本、期刊、报纸、剧本、专利、数据库、地图、邮票、图画、乐谱、录影、录音等在内的印刷品和数码资料。

虽然不列颠图书馆的重要组成部分——大英博物院图书馆成立于1753年，但根据记载，其缴送本历史是从1666年开始的。1707年，英格兰与苏格兰统一后，1709年的《版权法案》首次将不列颠视为一个整体，该法案要求每本出版物必须向文书厅呈缴9

册，分配给皇家图书馆、大学图书馆和律师学院图书馆。伴随着圣潘克拉斯新馆的落成使用，原大英博物院图书馆的圆形阅览室已经成为过去。根据图书馆的政策，主要的参考用书收藏在圣潘克拉斯新馆；流通用的藏书设在该馆最大的服务机构波士顿斯帕的文献提供中心；此外还有设在伦敦北郊的报纸图书馆。

不列颠图书馆不仅是全球最大的图书馆之一，也是最重要的研究型图书馆，现有1.5亿万件的馆藏，其中包括2500万册藏书和音乐录音、专利、数据库等，读者可以通过互联网阅读数码藏书。该馆以收藏英国文学、古版书、珍本书为特色。图书分两大部分排放：人文和社会科学为一部分；科学、技术以及工业为另一部分。其中人文及社会科学部的藏书包括东方以及印度室的藏品。

不列颠图书馆与中国的渊源也极为深厚，馆中收藏着许多中国的图书典籍，其中最著名的当属英国探险者斯坦因盗取的莫高窟藏经洞中的经卷和绘画等艺术品。20世纪伊始，莫高窟道士王圆箓无意中发现了藏经洞，5万多卷古代文书重见天日，几年后，斯坦因沿着丝绸之路第一次来到了藏经洞的所在地——敦煌。他最终只用了200两银子便换去了24箱写本和5箱其他艺术品，盗取经洞手卷写本9000余件、绘画500多幅。回到英国后，斯坦因从敦煌发现无数"宝藏"的消息流传开来，莫高窟藏经洞中的珍宝引得英、法、俄、日探险家接踵而来，"宝藏"也因此流落于世界各个角落。而清政府直到1909年才令敦煌的地方官收集石窟中的剩余文物,加以清点后运回北京存放。而今,距敦煌藏经洞重见天日已有110多年了,5万多卷藏书中仅有8000多卷还留存在敦煌,其余4万多卷依旧漂泊海外,归来无期。流散在外的4万多卷藏书,不列颠图书馆就藏有1.37万件。这也是现在国际上流行着"敦煌在中国,而敦煌研究在国外"的原因之一,也因此有了"藏经洞文物藏于英国者最多,藏于法国者最精,藏于俄国者最杂,藏于日本者最隐最秘,藏于中国者最散最乱"的总结。

不列颠图书馆馆藏的敦煌藏书主要是大英博物院图书馆各部门在脱离大英博物馆时转移过来的。其中一卷是由7个印张粘接而成的佛教经典《金刚经》,这部经卷的主要特点是印刷墨色清晰,雕刻刀法纯熟,经卷最后还题有"咸通九年四月十五日"字样,卷中所书的"咸通九年",即公元868年,使得这部《金刚经》成为迄今为止世界上最早的有明确刊印日期的印刷品,也被不列颠图书馆称为世界上最早的书籍。而在这本《金刚经》刻印之后的几百年,欧洲才出现了活字印刷术。从20世纪末开始,为了最大限度地使《金刚经》咸通九年刻本恢复原貌,不列颠图书馆利用现代科技对它进行了一系列的再修复工作。直到20世纪90年代中期,由不列颠图书馆发起和组织的国际敦煌项目希望通过数字技术、网络技术将分布在世界各处的莫高窟藏经洞的文献和艺术品数字化,并在网络上免费共享。此项工程旨在更好地保存这些经卷和艺术品的内容,因为随着时间的推移,经卷的补纸渐渐变老、变硬,又因为经卷必须紧紧卷起存放这种特殊的存放方式，共同造成了经卷的损坏，所以再修复工作变得很困难。《金刚经》咸通九年刻本在藏于不列颠博物馆期间已被增加了5层补纸，而经卷再修复工作的第一步就是逐一将增加的补纸剥离，这项工作需要在温度和湿度恒定的环境里进行，仅仅是这一步工作，就花费了两三年的时间才完成。

同时，因为《金刚经》咸通九年刻本的纸张颜色是黄色的，这也加大了再修复工作的难度。为了尽可能接近经卷纸张原有的颜色，不列颠图书馆经过不断地试验，最终寻找到了适用的纸张。2010年，在经过1000多个小时的修复工作后，《金刚经》咸通九年刻本的再修复工作终于完成。由于经卷历史悠久、纸张脆弱，卷轴装会改变纸张的弯曲度，长期卷起难免会让纸张发生断裂。为了保护经卷，大英图书馆决定将《金刚经》的7个印张分开存放在定制的木盒里。这本《金刚经》现在存放在大英图书馆的约翰·里特布莱特画廊常年免费对外展出。观者还可以在画廊里的电脑触摸屏上，以翻页的形式阅读，在聆听解说和诵经的同时观察经书的细节。不列颠图书馆在保护这部珍品的同时，也向世界人民展示了中国丝绸之路文化的博大精深。

上述的这种数字化的保护手段也得益于不列颠图书馆善于在大数据时代下利用先进的科学技术。1993年，不列颠图书馆就提出了建立数字化图书馆的目标，其内容包括：增加数字形式出版物的保存、为读者提供网络和数字化服务、利用数字化技术保存和修复馆藏等。这也是不列颠图书馆立足于英国，服务于全世界的特色之一。

不列颠图书馆是一座集创造性、资源性、高效率于一体的图书馆，它拥有独一无二的精美馆藏，堪称世界学术、研究和创新的主要源泉之一。它不仅是全球信息的储藏库之一，还是英国国内图书馆的网络之枢纽。不列颠图书馆除了鼓励更多的人了解英国有记载的遗产，图书馆的计划、产品和服务外，还对英国的经济、科研、教育和创新有着重大贡献，并丰富了世界人民的文化生活。

日本国立国会图书馆

作为海上丝绸之路最重要的途径地之一的日本，拥有着世界十大图书馆之一的日本国立国会图书馆，其是目前日本国内唯一一所国立图书馆，也是日本国内最大的公共图书馆，不同于其他国家的图书馆，日本国立国会图书馆的主要职能作用是广泛收集保存国内外的资料和信息，并作为知识和文化的基础设施，辅助国会活动，同时向行政机构、司法机构以及日本国民提供图书馆服务。而以保障国会议员完成任务为首要目的是日本国立国会图书馆独有的特点，这对于世界其他知名图书馆来说是不常见的，其独特的作用也为日本后来的侵略战争提供了重要的情报支持。

日本国立国会图书馆（以下简称国立国会图书馆）是由三个原本独立的图书馆合并而成。一个是建立于1872年、隶属于文部省的上野帝国图书馆，另两个则是建立于1890年，隶属于日本旧宪法下的帝国议会的贵族院图书馆和众议院图书馆。其中上野帝国图书馆经历了自书籍馆（1872年）、东京书籍馆（1875年）、东京府书籍馆（1877年）、东京图书馆（1880年）至帝国图书馆（1897年）的变迁。这些图书馆的大部分藏书都由国立国会图书馆接管，成为现有馆藏的基础。

1948年，为配合美国希望日本在"一场和平的革命"中教育国民由集权主义步入民主的愿景，日本颁布了《国立国会图书馆法》，正式宣布建立国家图书馆，即上野帝国图书馆和原帝国议会两院图书馆合并为国立国会图书馆，由东京总馆、关西馆、国际儿童图书馆三个设施结成一体发挥职能，提供服务，同时还拥有27所较小的分支机构。以后，该图书馆作为为国会服务的调查图书馆，同时作为日本国内唯一的国家图书馆和呈缴本图书馆，收集的日本国内的出版物将作为日本的文化遗产被永久性保存，因此其同时具有保存图书的作用。在研究功能方面，日本国内的大学图书馆、大型公共图书馆等都无法与国立国会图书馆相媲美。在信息化的社会中，国立国会图书馆作为国家的文献信息中心，能够对来自国内外各方面的需求提供迅速准确的服务。国立国会图书馆还有一项特殊的规定，未满18周岁的读者不能进入馆内读书。

　　作为中国的近邻，日本不可避免地会与中国及中国图书产生许多联系。在盛唐时，从日本来的僧侣、遣唐使和留学生曾是中国文化的热心学习者和研究者，并将搜集到的大量汉籍带回日本。这也为中国文化在日本的传播做出了贡献。同时也有中国人将中国文化传到日本，其中最著名的当属鉴真，他先后六次沿海上丝绸之路东渡日本，弘传佛法，促进了文化的传播与交流。这里不得不提的是，日本寺院乃是藏龙卧虎之地，它们的藏书多为僧侣直接由中国购抄而来，所藏唐以前的经籍往往有中土失传或罕见的珍本，而属于通俗文学的戏曲、小说也有许多善本为寺院秘藏。比如东京附近的日光山日光寺所藏的《二刻拍案惊奇》就是名扬海内的孤本，中国传本缺第三十八回，而此本不缺。宋朝时，印刷业的兴盛为图书贸易提供了可能，此后日本商船来华，书籍是其热心搜求的主要文化商品，至今还留下多种《舶载书目》，记载了这些商船一次次从中国贩运的汉籍名录。近代以来，中国国势衰弱，社会动荡，大量公私藏书流散市肆，日本汉学家来华游学，无不用心收购，满载而去。著名藏书家的藏书也成了日本财阀渔猎的目标。侵华战争中，日军又有计划地掠夺了大批中国古籍，据说有学者参与其中，所以那些书都有相当高的文献价值。

　　国立国会图书馆内藏有很多中国古籍，其中一部分是在明治时期由日本文部省交由东京书籍馆收藏的，这部分中文古籍就有一万多册，还有一部分是帝国图书馆在1940年左右从私人手中购得的，加上国立国会图书馆在成立时购买的中文古籍，多达6万多册。比如说被日本收藏的宋版《史记》，是很珍贵的文物，在中国国内已找不到了，不得不说，虽然这些珍贵如宝藏的典籍或无意或有意被迫流落海外，但被妥善地被保存了下来，避免了毁于人祸的悲剧，不能不说这是一种对中国文明的另类保护。

2011年，国立国会图书馆归还了在侵华战争期间日本从原岭南大学（现中山大学前身）图书馆藏书盗取的共计40种文献资料。这批文献资料为1939-1941年的岭南大学学士学位论文，扉页上均有原岭南大学图书馆的藏书章和藏书票，而这批学士学位论文全部具有十分重要的情报价值，猜测是日本侵略者的情报机构将其作为收集到的中国情报掠去日本的。这批文献是日本国立国会图书馆在馆藏搬迁过程中发现的，于是决定将这批文献资料归还给中山大学图书馆，这批珍贵的文献资料终于在近70年后重新回到康乐园。

进入21世纪以来，国立国会图书馆为更好地保护古籍并使馆中大多数文献资料可以通过互联网被世界各地的人使用，开展了电子图书馆工程，以建立开放性图书馆为目标，在图书馆馆藏图书数字化工作方面取得了很多成就。自2002年起，以古籍馆藏及在明治、大正时期和昭和早期出版的图书为对象进行数字化工作，通过互联网提供其影像的阅览服务。到2011年11月为止，可以上网阅览的数字影像达到29万册。目前，以文献保护为目的进行数字化的版权保护期限内的文献只限于在国立国会图书馆内阅览，网站还提供主要以日本历史、日本文化为主题，以馆藏文献为核心对象，加以讲解的"电子展览会"。此外，还编辑提供馆藏目录和各类主题书目、索引等。除了直接连接到数字资源之外，电子图书馆还提供文献的利用方法以及获取渠道。自2010年4月起，根据法律法规开始采集由公共机构所发布的网络信息资源，采集到的网络信息资源通过国立国会图书馆网站为民众提供阅览服务。这些特色性的资源服务是其他图书馆所不具备的，其资料的开放性也是值得我国图书馆借鉴的。

第二节 中国知名图书馆

中国国家图书馆

中国国家图书馆（以下简称国图）于1909年建成于北京，京师图书馆为其前身。国图继承了清朝皇室图书馆的馆藏，藏有许多珍本和手稿，藏书3000多万册，是亚洲最大的图书馆。国图有总馆南馆、总馆北馆和古籍馆三个馆，其中古籍馆中就藏有莫高窟藏经洞中的"绝世之宝"以及有着3000多年历史的商代甲骨等珍贵文物。

1909年9月9日，清政府批准有识之士关于筹建京师图书馆的奏请，调内阁大库、翰林院、国子监南学书以及文津阁《四库全书》、敦煌劫余后的16000册遗书和手稿作为基本馆藏，翰林院编修缪荃荪为首任监督，梁启超、蔡元培等著名学者先后任馆长。尽管清政府及辛亥革命后的北洋政府无力支付维持图书馆运营的经费，但是在国内外学者和普通民众的帮助下，京师图书馆的古籍馆藏越来越丰富。1916年，京师图书馆获得了法定接纳呈缴本的权利，从此奠定了其国家馆的地位。可以说京师图书馆的建立是中国古代藏书楼迈向现代图书馆的重要一步，从此，中国的藏书模式开始发生蜕变。

1928年，随着国民革命军北伐的胜利，南京国民政府成立。同年7月，国立京师图书馆更名为国立北平图书馆，隶属大学院。为解决经费问题，经南京国民政府教育部与中华教育文化基金董事会（简称"中基会"）谈判并签订协议，国立北平图书馆与中基会下属的北海图书馆于1929年8月合并。合并后，馆名仍为国立北平图书馆，直接接受南京政府教育部和中基会合组后的国立北平图书馆委员会领导。中南海居仁堂为一馆，北海庆宵楼为二馆。

抗日战争爆发后，国立北平图书馆的部分馆藏和馆员南迁，并在香港、昆明、重庆等地相继建立了办事处。抗日战争胜利后，该馆驻各地办事处的藏书，除存于美国国会图书馆的善本和运至台北的内阁大库舆图外，其余陆续运回北平。在此期间，由于国民党政权的腐败，使得中国出现了严重的经济危机，国立北平图书馆在这场经济浩劫中也未能幸免，经营状况每况愈下。直到1949年北平和平解放后，国立北平图书馆才重获新生。

京师图书馆于1949年9月更名为国立北京图书馆，1951年6月更名为北京图书馆，1998年12月12日决定改称国家图书馆，即现在的国图。中华人民共和国成立以来，中国国家图书馆的藏书量以年均40万册的速度增加，并接受了国内外很多藏书家和知名学者捐赠的珍贵图书和手稿。其中，国家图书馆的旧馆（1987年建成）现主要用于存放古籍、资料和手稿，并且其馆藏不可流通。

中国国家图书馆馆藏很丰富，作为国家馆，中国国家图书馆除依法接收中国大陆各出版社送缴的出版样书，还收藏中国大陆的非正式出版物，如各高校的博士学位论文等有研究价值的文献资料。国家图书馆的特殊藏品的种类和数量也有很多，包括了中国的古籍、家谱、报刊、政府文件、地方志，联合国和其他国家的官方出版物以及115种语言的文学作品和资料。其中最珍贵的要数中国历代的文献资料，包括大量的古籍线装书，而这些古书囊括了自南宋以来的历代皇家馆藏品。另外，中国国家图书馆还藏有大量的地图及古代的金石拓片。目前，中国国家图书馆的藏书容量达3500多万册，其中价值连城的古籍善本就有200余万册，其中就有公元6世纪时的佛经。值得一提的是"敦煌遗书""赵城金藏"《永乐大典》《四库全书》被誉为国家图书馆的"四大专藏"。

随着20世纪末数字化技术和网络的兴起以及信息载体发展变化，中国国家图书馆顺应时代潮流，大胆进行图书馆自动化应用系统的开发与实践,这使国家图书馆得到进一步的发展。国家图书馆馆藏规模不断扩大,类型日益丰富,不仅收藏了丰富的缩微制品、音像制品,还建成了中国最大的数字文献资源库和服务基地——国家数字图书馆。

国家图书馆也和世界其他先进的图书馆一样,充分利用数字技术来保护古籍。2007年,为配合好国务院办公厅提出的在"十一五"期间要大力实施"中华古籍保护计划",国家图书馆于同年开始利用数字技术对全国公共图书馆、博物馆和教育、宗教、民族、文物等系统的古籍收藏和保护状况进行全面普查,而后建立了中华古籍联合目录和古籍数字资源库,并充分利用现代技术加强古籍数字化和缩微工作,加大力度建设中华古籍保护网。在完成"十一五"国家古籍整理重点图书出版规划任务的同时,也为中华文明的传承做出了巨大贡献,使中国的古籍得到全面保护。

在这里重点要说明的是,国家图书馆在充分将数字化技术和其特有资源结合后,开发出了一项具有中国特色的项目工程——中国记忆。在新媒体时代的背景下,"中国记忆"是一个以记录历史、保存文献、传承民族记忆、服务终身学习为宗旨的全国性文化项目,是图书馆文献采集、整理、服务以及社会教育与文化传播职能的新拓展,是现代图书馆转型升级、变藏为用的新举措。"中国记忆"于2011年开始由国家图书馆策划,经过对项目的一系列讨论和实践,最终设计出了初步方案,于2012年投入试验阶段，并于同年4月推出了中国记忆的第一个专题——东北抗日联军专题。该专题通过整理原有文献和收集口述史料、影像史料等新文献及相关照片、手稿、实物等，形成了规模可观的专题文献资源库，并于2012年"九一八"纪念日在国家图书馆·数字图书馆网站上发布，在国内外引起了巨大反响，为揭露日本侵略者在中国犯下的罪行提供了有力证据。总的来说，中国记忆是一个通过整理中国现当代重大事件、重要人物专题文献，采集口述史料、影像史料等新型文献，收集手稿、信件、照片和实物等信息承载物，形成多载体、多种类的专题文献资源集合，并通过在馆借阅、在线浏览、多媒体展览、专题讲座等形式向公众提供服务的文献资源建设与服务项目。此后，"中国记忆"又推出了如"我们的文字""蚕丝织绣""中国年画"等专题，这些专题内容均获得了国内外读者的广泛好评，尤其是"蚕丝织绣"专题，由丝绸引出当下关注的热点——四条丝绸之路，从而引起了极大反响，在帮助国内外读者详细了解四条丝绸之路的同时，也为中国文化的传播做出了积极的贡献，在文献资源数字化、大众化方面取得了重大成果，为国内其他图书馆以后的发展方向起到了很好的引导示范作用。

上海图书馆

上海图书馆的历史最早可以追溯到建立于1847年的徐家汇耶稣教堂。19世纪中叶,上海作为当时清朝少数几个对外开放的贸易港口之一,引起了西方列强的极大兴趣,西方各国纷纷想在上海建立自己的殖民地,进而达到瓜分中国的目的。在这一大背景下,法国天主教主教罗类斯利用清朝宣布弛禁天主教之机,在上海县徐家汇地区强买民地,修建教堂。当地的上海民众听说后,极力反对,先后有80多人来到教堂建筑工地,阻止修建。法籍主教赵方济、法国驻上海领事等联合向上海官府施加压力,迫使上海县知县发出布告,宣布:"徐家汇地方已售予法兰西罗主教建造教堂,现在购料集匠兴工。如有无赖棍徒以及外来流丐,在该处阻挠工作,并盘踞窃料者,许该地保扭获解县。"将当地民众的反抗斗争暴力镇压。徐家汇天主教堂建成后,成为中国第一座天主教堂,教堂中设有藏书楼、博物馆和天文台等设施,这里也成为法国殖民者利用宗教侵略中国的基地。

1925年,随着上海发展成为国际大都市,上海的第一家图书馆在人民日益增长的文化需求中建立起来。在中华人民共和国成立前的20多年中,由于上海沦陷于日本侵略者之手以及受之后内战的影响，上海的图书事业一直处于停滞的状态。中华人民共和国成立之后，社会环境稳定下来，人民从长时间的战争创伤中走出来，对文化的需求再次飞速增长。在这一环境下，图书馆开始大量地搜集图书，仅过了一年，图书馆的馆藏就提高到了20多万册。1952年，上海图书馆正式成立，建立之初的藏书量约为70万册，图书馆的馆藏量也增长得很快。1958年，上海图书馆与上海历史文献图书馆、上海科技图书馆、上海报刊图书馆合并，新的上海图书馆由此成立。到了20世纪70年代，图书馆的原有建筑已无法再容纳新增的藏书了。改革开放后，图书馆的事业迎来喷潮式的发展，在当时形势的需求下，1995年，上海图书馆与成立于1958年的上海科学技术情报研究所合并，成为中国第一所集科学、技术、工业信息研究功能于一身的服务型公共图书馆，也是国内第一个省（市）级图书情报联合体。

在这里要重点说明的是，1993年上海图书馆新馆奠基动工，1996年正式对外开放。它不仅成了上海市的地标建筑，也是目前世界上最高的图书馆建筑，其多维台阶式块体顶部造型如同自然生长的台阶，象征着文化的积淀和人类向知识高峰的不断攀登。上海图书馆也凭借其丰富的藏书和8万多平方米的建筑面积，成为仅次于国家图书馆的中国第二大公共图书馆。

上海图书馆现藏有中外文献5500余万册（件）（截至2015年底），其中古籍善本、碑帖尺牍、名人手稿、家谱方志、西文珍本、唱片乐谱、近代报刊及专利标准尤具特色。在上海图书馆成立伊始便藏有古籍50余万册，这些古籍主要为爱国人士捐赠、社团单位调拨及政府采购。经过半个多世纪的苦心经营，目前上海图书馆藏有已编古籍130余万册（其中善本约18万册）、碑帖16万件（其中善本2000余件）、明清近代尺牍11.8万通。这充分说明在政府和社会各界人士的关心与支持下，上海图书馆对搜集、保护传统文化遗产的高度重视。

长期以来，上海图书馆为保护好馆藏古籍，做了最大的努力，取得了一些成就。尤其是在新馆落成后，由于引进了先进技术，极大改善了古籍庋藏条件，如善本书库已做到恒温恒湿，后来又制作了一批楠木盒来保存属于国家一级文物的藏品。1996年，在上海市委、市政府的支持下，上海图书馆专门成立了抢救历史文献工作组，开始对大量累年积聚成堆的未编文献进行抢救性整理。这是上海图书馆自成立以来开展的对古籍文献的最大规模的整理保护工作，至今仍未终止，并已取得显著成果。如建成总共800平方米的家谱、碑帖专库；对大批破损家谱及部分碑帖予以修复；初步摸清馆藏碑帖家底，并且通过建立数据库使文献资料得到更好的保护。这不仅使大量尘封已久的历史文献得到有效保护，同时使这些文献重新展现在读者面前，取得了良好的社会效益。然而，由于历史原因以及目前人力、物力等条件的限制，上海图书馆仍有约50万册古籍、2万余件碑帖尚未整理编目，大批虫蛀、残损古籍有待精心修复。

上海图书馆在新时代中结合自身优势，开发了一项名为"上海之窗"的特色项目,其也是"中国图书对外推广计划"的一个组成部分,该计划通过向境外图书馆及藏书机构捐赠由国内出版社出版的图书,全方位地向境外读者介绍中国历史和文化,宣传中国的文明与文化以及改革开放以来的新成果。近年来,"上海之窗"项目已慢慢成为上海市对外交流的一个重要窗口,许多境外媒体都对上海图书馆的赠书活动进行了大量积极的报道,并对"上海之窗"有着很高的评价。也因在传播中国文化、服务境外读者方面的重要贡献,"上海之窗"获得了上海市优秀外宣项目"银鸽奖"等荣誉。

由于上海图书馆一直致力于与世界各地的图书馆开展广泛的图书交换业务,并随后建立了图书交换业务的协作关系。因此"上海之窗"的上线旨在更好地与境外图书馆交换图书,同时补充国外图书馆的中文藏书,使海外读者有机会阅读更多来自中国的最新出版物。"上海之窗"捐赠的图书包括了中国与上海的古代与当代艺术、经济、人物、哲学、文学、文化与民俗传统、历史、自然与人文景观、烹饪艺术、传统中医药学、建筑等题材;为使更多语言地区的读者可以了解中国与上海的文化,除以中文、英文或中英对照为主的版本外,还收录有法语、德语、俄语、西班牙语、葡萄牙语、日语、韩语等文种。值得一提的是,所有的图书均为近年来国内各家出版社拥有自主版权的出版物。而且为满足日益增长的研究需要,境外图书馆对一些中国古代传统文化、中国及亚洲近代史等纯中文出版物的需求量越来越大。

在图书数字化的大背景下，上海图书馆顺应时代潮流，力求在图书馆大变革的时代中走在国际前列。从2013年开始，上海图书馆利用"上海之窗"项目开展了电子赠书服务，并随后开通了电子书服务网站。自该服务网站开通以来，上海图书馆随着合作伙伴的使用需求和项目自身的发展需要不断调整电子赠书的内容和品种，使所赠电子书始终紧跟读者喜好和市场需求，而这种全新的电子赠书服务旨在让海外读者能够更快、更便捷地阅读到来自中国的最新出版物，并享受中国最先进的电子阅读体验。自此，"上海之窗"不再停留在纸质图书上，而是通过数字技术和网络让世界更好地认识中国、认识上海。

广东省立中山图书馆

位于广州市越秀区文明路的广东省立中山图书馆，建成于1912年，是国家一级图书馆，也是文化信息资源共享工程广东省分中心、广东省古籍保护中心、全国图书馆联合编目中心广东省分中心所在地，是现国内大型综合性公共图书馆之一。而中山图书馆的旧馆址，现为中山图书馆分馆的位于广州市文德路的孙中山文献馆，历史悠久，在海内外闻名遐迩。其前身先为大名鼎鼎的明代羊城胜迹"南园"，后又为晚清名臣张之洞于光绪年间创立的广雅书局藏书楼，中山图书馆创立之初名为广东省立图书馆。1927年，为纪念孙中山先生，海外华侨集资兴建了广州市中山图书馆。1955年，广东省立图书馆和广州市中山图书馆合并，改名为广东省立中山图书馆。1986年，广东省立中山图书馆整体搬迁到新馆，邓小平同志为中山图书馆新馆题写了馆名，原馆改称为孙中山文献馆。这些历史变迁也见证了中国藏书处所由古代传统藏书楼向现代图书馆转变的历程。

广州，作为海上丝绸之路的起点之一，一直是中国与世界联系的纽带，是中国看世界的桥头堡。所以广东省立中山图书馆除藏有广东地方文献、孙中山文献之外，还有许多特色馆藏，包括晚清民国报刊、南海诸岛和海南岛史料、东南亚和华侨史料、台港澳地区及海外中文文献等，而且是规模最大的广东地方文献和孙中山文献收藏中心。截至2010年底，广东省立中山图书馆馆藏现代中文图书470万册；馆藏古籍共计4万多种47万册，藏量居华南首位，其中善本古籍3000余种3万多册，普通古籍近3万余种20多万册，广东文献古籍1万多种近6万册，金石文献3万余册（件），丛书650余种10万余册。截至2011年上半年，广东省立中山图书馆共有157部善本古籍入选首批、第二批和第三批《国家珍贵古籍名录》，数量居广东各公共图书馆之首。

广东省立中山图书馆非常重视地方文献的收集整理工作，目前已积累收集整理地方文献9万多种30多万册，这也是中山图书馆的一大特色。在这些珍贵的文献中，较突出的有广东新旧地方志2600种，新旧族谱900余种，其中明嘉靖黄佐《广东通志》70卷是国内罕见的版本，民国《续广东通志》则是未经刊行的稿本。在地方文献开发方面，该馆出版了《广东近现代人物词典》《潮汕文献书目提要》《客家文献书目》和《广州文献书目提要》《广东百年图录》等，并建立起《广东地方文献图书》《广东地方文献报刊》《孙中山文献》等地方文献数据库，使馆藏地方文献得以藏用并举。

图书资源数字化是广东省立中山图书馆的又一大特色，中山图书馆非常重视馆藏图书的数字化，并在21世纪伊始就开始了数字图书馆的建设工作，并在图书采选、编目和读者服务等领域基本实现了计算机管理，目前已成为国内最大的图书馆数字化资源库群，其中有电子图书40万种，中文电子期刊论文1200万篇，博士、硕士论文10万篇，外文电子期刊500万篇以及80多个事实型、文献型的数据库。广东省立中山图书馆也依托这些海量的数字化资源和良好的网络环境，积极开展网上参考咨询服务，为来自全球的读者答疑解惑，这也是国内图书馆在数字领域的一大创举，并成为我国第一个实用化的省级数字图书馆。

第三节　中国图书馆与世界知名图书馆之间的差距

中华人民共和国成立后，随着社会的稳定和人民日益增长的文化需求，我国的图书馆事业开始了飞速发展，特别是在党的十一届三中全会后，在改革开放的浪潮下，图书馆在服务、管理及应用先进的科学技术来管理图书方面都有质的提升。但与世界很多知名的图书馆相比，我国图书馆与其差距仍不小，需要学习和改进的方面仍然很多，中国的图书馆要进入世界一流图书馆的行列还需要走很长的一段路。但是，身处"全球化"之中的我们潜力巨大，只要我们能正视差距、迎难而上、努力学习先进的管理理念和先进技术，就能迎头赶上，实现"国内一流，世界先进"的目标。

自我认知上的差距

在进入21世纪以来，我国图书馆结合我国国情、自身实际情况以及世界知名图书馆的发展历程，提出了"以人为本"的发展理念，将服务读者和人性化管理作为首要目标。但是直到今天，大多数的国内图书馆还仅将上述理念和目标当成一句口号，并没有执行到底，多年过去，仍然原地踏步，故步自封，没有取得应有的成绩，而这其中的关键就是自我认知上的欠缺。欧美的大部分图书馆都将"效率"看作是图书馆的发展理念，将服务读者切实地融入了实际工作中，并成为检验图书馆是否合格的重要标尺之一，从而使图书馆的"经济效益"和"社会效益"都得到了提高，而这些都是我国图书馆与这些欧美先进图书馆之间的差距，同时也是我们需要努力的方向。

以我们在前文提到的大英图书馆为例，大英图书馆在对馆藏图书的编目方面一向以高标准闻名于世，并使这些编目格式可以更好地适应读者需求。在所有事物不断变化的今天，读者的需求也会不断发生变化。大英图书馆为此专门创立了政策小组，并开展了一项对科技和商业信息服务的研究。这些研究涉及生物医学、生命科学、应用物理和社会科学等方面的用户、中介和信息提供者情况，在此基础上做出结论，并对针对读者需求进行服务变革，以达到适应图书馆中远期的发展需求。

而上述服务只是大英图书馆针对读者的诸多服务中的一种，其他诸如阅读环境、如何方便特殊人群读者阅读、文献快速检索等方面，大英图书馆也为我们做出了很好的示范作用。这些方面也是需要我们去正视的，只有我们去全方位、免费服务大众，真正把公共服务的精神落到实处，不断变革去适应广大读者的需求，才能最大程度地实现"社会效益"，进而增加"经济效益"。

馆藏图书资源利用上的差距

自中华人民共和国成立以来，尤其是改革开放之后，我国各大图书馆的馆藏数量飞速增长，不论是近现代出版的图书，还是珍贵的历史古籍，都被很多大型公共图书馆大量珍藏。在馆藏图书的种类和数量上已不逊欧美的知名图书馆，甚至位居世界前列，如中国国家图书馆的馆藏量位居世界第三位。但是国内大部分图书馆在馆藏图书的资源建设和利用方面却与世界知名的图书馆存在着不小的差距，而这些方面却是体现一个图书馆在大数字时代是否能够转藏为研的重要标志。

由于我国大部分的公立图书馆主要靠政府拨款资助，私人投资几乎没有，但政府拨款有时又难以同时满足图书馆人员的开支和图书馆硬件的更新换代，这就造成了图书馆在馆藏文献资源利用率上偏低、图书数字化建设程度不高、数据库混乱等现象的出现。从欧美国家图书馆80%以上的图书利用率和我国图书馆文献利用率在20%左右徘徊的数据比较，不难发现我国图书馆的症结所在，大量学术性不高的图书充斥着图书馆，而真正有价值的科研文献资料却不多，国内图书馆还是以"藏"为主要职能，在转"研"道路上举步维艰。在这方面，我们的近邻日本就做得很好，其国立国会图书馆在图书数字化及利用率方面的成就是值得我们学习和借鉴的。前文也介绍过，国立国会图书馆不仅在图书馆馆藏图书数字化方面取得了很多成就，开展了电子图书馆工程，以建立开放性图书馆为目标，使馆中大多数文献资料可以通过互联网被世界各地的任何人利用，就是这样的措施使世界各地的读者和学者纷纷光顾其"电子图书馆"，这也为它带来了很多经济效益。而且国立国会图书馆在图书研究领域，特别是在很多中国古籍的研究方面，是我们的图书馆望尘莫及的。

其他例如法国国家图书馆等著名世界图书馆在资源建设方面已经领先了我们一大截，其不只在本国文献的数字化建设方面遥遥领先，就是亚洲和中国文献资料的数字化资源也十分丰富。这些差距虽然看起来很大，但是只要我们国内的图书馆在图书数字化、资源的开放性和自由度上有所突破，学习国外的先进理念，克服自身的局限性，将有限的资源用到实处，国内图书馆迎头赶上的希望还是很大的。

图书馆人员在综合素质上的差距

图书馆发展的好坏与快慢最根本的是由图书馆管理人员的综合素质决定的，图书馆管理人员综合素质的高低直接决定着这个图书馆的发展方向和发展规模。而我国在图书馆人才的培养上与欧美发达国家相比还有不小的差距。世界知名图书馆有着一整套完整的人才培养计划，在这方面向企业借鉴经验，专门设有人力资源部门，负责制定和实施图书馆人力政策，并对图书馆各部门人力资源管理提供咨询和建议，在图书馆员管理政策和程序现代化方面制定战略计划，并为提高图书馆员工和管理人员能力提供专业培训。而我国国内大部分图书馆不具有这样的图书馆人才培养体系，一些真正在图书馆管理方面有才能的人也因为各种原因转干他行，使得图书馆人才流失严重。这也是我国图书馆发展所要解决的根本性问题。

一些欧美发达国家的图书馆在招聘图书馆人才时有着严格的图书馆员职业资格证书制度，虽然很多图书馆和我国的图书馆一样是公立图书馆，但是图书管理员需要持证上岗，而且资格证还分多个等级，每个等级的咨询员从事的咨询工作不同，最高等级的工作人员仍需给读者提供咨询服务，这样的优秀人才也是吸引读者的一种手段，这在我国图书馆是不敢想象的。欧美图书馆工作人员的福利很高，如法国国家图书馆，图书馆的工作人员可以带着自己的家属免费游览卢浮宫博物馆。而这些政策不仅使这些图书馆管理人员的素质得到提高，还使他们感受到自己工作的神圣和被人尊敬，从而使这些人才留在了图书馆。

人才是图书馆发展的根基，国内的图书馆要想实现质的飞越，步入世界先进图书馆的行列，还要在图书馆人才培养方面下功夫。借鉴国外先进的人才培养体系是一条可行之路，在此基础之上改革我们现有的人才招聘制度，实行职业资格考试制度，提高图书馆工作人员的待遇和福利，使真正适合图书馆工作的人才留在图书馆、服务图书馆。只有这样，我们的图书馆才能缩小与世界知名图书馆之间的差距，实现新发展。

第二章

丝绸之路与中国图书馆的发展史

第一节　古代丝绸之路上藏书楼的形成与发展

古代丝绸之路

公元前202年，汉高祖刘邦建立汉王朝，在"白登之围"后，汉王朝不得不通过连年向匈奴进贡大批丝绸、粮食和食盐等物来换取短暂的安宁。即使疲于应付北边恶邻，但汉人从未放弃向西探索的心。在经过"文景之治"的与民休戚及积攒力量后，汉朝终于在汉武帝时有了反击的力量。为了实现东西夹攻匈奴的战略构想，汉武帝于公元前138年派张骞出使西域来联合大月氏夹击匈奴。张骞历尽艰辛，在漂泊10年后，于公元前126年回到长安。张骞是汉朝到访西域诸国的第一人，使汉人第一次接触到了关于西域这个陌生世界的见闻。太史公称这一历史性的创举为"张骞凿空"。公元前119年，漠北之战使得匈奴再无力量遏制汉朝西扩的步伐，汉武帝于同年再度派张骞出使西域，并派副使前往更远的大宛、康居、安息等国。此后，汉朝与西域诸国的往来变得频繁，民间的商贸往来也得到快速发展，丝绸也开始被贩运到西域以及更远的地方。而后汉朝在西域建立西域都护府，标志着西域被正式纳入汉朝版图。19世纪末，德国的地理学家李希霍芬在其所作的《中国》一书中，将这条中国与西方世界以丝绸贸易为媒介的西域交通道路命名为"丝绸之路"，而这一名词最终正式运用于各国的官方文件和表述中。

经过一个多世纪的研究和发现，我国著名考古学家徐苹芳将丝绸之路细化为四条：一是从汉唐两京（长安和洛阳）经河西走廊至西域的道路，这是古代丝绸之路的主路；二是中国北部的一条鲜为人知、途经欧亚草原的天然通道——草原丝绸之路；三是连接中国四川、云南和西藏的西南丝绸之路；四是从中国东南沿海起的海上丝绸之路。在这之中，草原丝绸之路在这四条丝绸之路中出现最早，而中国的丝绸最早就是由这条天然走廊传向西方的。而作为连接草原与中原、东方与西方的交通枢纽的呼和浩特市，在草原丝绸之路的形成与发展中扮演着重要的角色。下面我们简单介绍一下后三条丝绸之路，本章内容也会围绕这四条丝绸之路展开。

在汉武帝打通通往西域的道路后，汉朝的使者和商贾接踵而至，西域各国的使者和商人也纷纷前往中原交流。这些西域的使者和商人将丝绸和纺织品等从长安沿河西走廊运往西亚，再转运到欧洲，并同时为中原带来了西域各国的奇珍异宝，这其中最著名的当属葡萄酒。这条沟通中西交通的陆上要道，就是丝绸之路的主路，为方便与其他三条丝绸之路区分，我们在后文将它称为西北丝绸之路。

草原丝绸之路是指沿蒙古草原地带来沟通欧亚大陆的商贸大通道，是丝绸之路的重要组成部分。草原丝绸之路的形成，与自然环境有着密切的关系。根据环境地理资料，只有北纬40度至50度之间的中纬度地区，才有利于人类的东西向往来，这个狭长的地带就是草原丝绸之路的大通道。这个地带也是游牧文化与农耕文化交汇的核心地区，而中原地区与草原地区在经济上互有需求、相依相生，中原的丝绸、茶叶等珍稀物品和文化也通过这里被运送到了更远的西方世界，所以草原丝绸之路应运而生。草原丝绸之路也因此还有"皮毛路""茶马路"的称谓。

西南丝绸之路因穿行于横断山区，被称为"蜀—身毒道"，又称高山峡谷丝路。大约在公元前4世纪，中原各国间互相征伐，无暇南顾，而与世无争的蜀国，在蜀地与身毒间开辟了一条丝绸之路，延续了两个多世纪且一直未被中原人发现，所以有人称它为秘密丝绸之路。直到张骞在西域大夏境内发现了蜀布和邛竹杖等物，而这些货物都是由身毒转贩而来。他回国后立即向汉武帝报告了此事。公元前122年，汉武帝先后从犍为（今宜宾）派人分

5路寻迹"蜀—身毒道",但因西南夷未平,所以其中3路受阻。汉武帝后派郭昌率数万巴蜀兵平定西南夷,并分土置郡县,西南丝绸之路至此开始通行,由3条道组成,即灵关道、五尺道和永昌道。西南丝绸之路的通行也为向西南夷推行中原文化、法令等做出了重大贡献,使西南地区与中原在文化和习俗上得到进一步融合。

同样在汉武帝时期,汉武帝在平灭南越国后,以原南越国的徐闻港和合浦港为起点,派遣使者和商人组成船队出海贸易,探索未知世界,在此次航行中,船队最远到达过黄支国(今印度东南海岸),并顺利返航,海上丝绸之路由此兴起。随着海上贸易的日益繁荣和航海技术的发展,海上丝绸之路分为两条路线,一条以中国东南沿海各大港口为起点向西航行,这也是海上丝绸之路的主线;另一条则向东到达朝鲜半岛和日本列岛,这条航线在海上丝绸之路中占次要的地位。东汉末年,由于魏蜀吴三国通过长江相互攻伐,著名的赤壁之战和夷陵之战便发生在这个时期,所以魏蜀吴三国都积极发展水军,造船技术有了很大进步,并且船只的规模也很大。到了南北朝时期,由于南朝的政治局势较北朝而言相对稳定,所以经济贸易得到快速发展,并形成了以广州为中心,辐射南海诸国的海上丝绸之路。等到了隋唐时期,由于西域连年战火,陆上丝绸之路被迫中断,海上丝绸之路便取代了陆上丝绸之路,承担起了中国与西方世界沟通交流的重任。宋代以来,尤其是宋高宗南渡之后,随着南宋偏安江南,南方的经济和商贸活动得到巨大的发展，这一时期不论是在贸易数量还是航海技术上都达到了世界领先水平，以广州、泉州、杭州等地为起点的海上丝绸之路日益成熟，宋人的足迹遍布中国南海和印度洋，甚至到达过非洲东海岸。人们把这些海上商贸航线统称为"海上丝绸之路"，广州也由此奠定了其第一贸易大港的地位。元朝的各代皇帝都制定过鼓励海外贸易的方针政策，并颁布了堪称中国历史上第一部系统性的外贸管理法则，海上丝绸之路也进入鼎盛时期。明初期，海上丝绸之路进入极盛时期，明成祖派郑和七下西洋，将丝绸之路的航线发展到亚洲和非洲的39个国家和地区，甚至穿过太平洋，到达过墨西哥西海岸。明宣宗之后至清朝时期，由于实行闭关锁国的政策，海上丝绸之路迅速衰落下来，除广州外，其余原本繁荣的港口都荒废了。直至鸦片战争后，清政府与西方列强签订了一系列丧权辱国的条约，沿海各口岸被迫开放，但港口的经营权等重要权益都掌握在西方列强手中，这种状况贯穿整个民国时期，直至中华人民共和国成立后才被改变。

中国古代藏书楼的起源与变迁

根据考古发现,在商朝的遗址中出土了大量的青铜、陶、骨等器物,并在遗址中发现了数以万计的甲骨文,而这些遗址就是史料中记载的"殷墟"。另据《尚书》记载"惟殷先人,有典有册,殷革夏命",可知不论是遗址考察还是文献记载都证明商王朝就已经有了典籍文献,其中流传至今的《汤誓》《盘庚》《西伯戡黎》《微子》等多篇文章确为商人所作,而收藏这些甲骨文的处所被称为"龟室",其应该是中国最早的图书馆,也是古代藏书楼的雏形。因此,我们可以得出中国古代的藏书楼起源于商代,其最初只有储藏典籍这一种职能。

经过几千年的发展,文字经历了从甲骨文、金文、篆书到隶书、草书、楷书、行书的转变,文字的载体也越来越轻便,直至"蔡侯纸"的出现,使书籍的成本变得低廉,书籍不再是只有贵族和官员能买得起的奢侈品,也间接地促进了民间藏书楼的产生和发展。

从中国古代藏书事业在数千年的历史变迁中可以看出,由官府藏书、私人藏书、寺院藏书、书院藏书组成的古代藏书体系在朝代的更替中既有一脉相承之处,又各具特色。而历史文献得以保存和流传至今，无疑应归功于藏书楼在王朝更迭中对图书的收藏保护作用。因此，我们可以这样说，藏书楼的形成是文字和文字载体发展到一定数量时的产物，为珍贵文献典籍的留存和中华文明的传承做出了巨大贡献。

官府藏书主要以皇家藏书为主，其藏书体系始于殷商，西周至战国则是官府藏书的奠基时期，藏书处所也在这个时期经历了天府、盟府、策府、周府、室、秘室等称呼。我国著名的思想家老子就担任过周王室的"图书馆馆长"一职，而且由于战国时的各诸侯国为提高自己的政治和文化地位，也分别设立了自己的图书馆。这一行为历史性地打破了只有中央朝廷藏书的单一形式，并且地方藏书的出现也促使了私人著述的繁荣，百家争鸣的时代也由此到来。到秦统一六国后，秦将六国的图书都搜集到咸阳，据《史记》记载，秦朝共修建了四处藏书处所来储藏这些书籍，分别为明堂、石室、金匮、周室。这也为后来各代国家藏书楼的修建起到了启示作用。到了汉代，官府藏书成型，在继承前朝藏书的基础上，新修建了石渠阁、天禄阁、麒麟阁三处藏书处所，在全国范围内访书、征书，极大地丰富了官府藏书，并派专人对图书进行整理校勘，编制藏书目录。这些措施为后代继承和效仿，最终成为官府的藏书制度。此后，历代馆藏图书在朝代的更替中继续发展。隋唐宋时得到快速发展，其中隋朝的秘阁按图书内容分库管理。唐朝在唐玄宗时期建立了集贤殿书院，不仅设置了完善的机构，其藏书的数量和质量都十分可观。到了宋朝，由于印刷术已高度发达，官府藏书的数量也飞速增长，并允许政府的高级官员和殿试考生借阅馆阁藏书。明清时期，官府藏书无论在数量上还是质量上，都进入了鼎盛时期，其中明朝的《永乐大典》和清朝的《四库全书》是官府藏书的两个高峰时期，前者直接使明宣宗时的官藏图书数量达到顶峰，后者在乾隆时期完成，并建南北七阁储藏《四库全书》，使官府藏书在建筑、管理等方面日趋完善。到了清末，京师图书馆和江南图书馆的出现，标志着官府藏书从中央向地方的全面过渡，也标志着中国古代藏书楼的终结。

  私人藏书的起源则晚于官府藏书，在春秋战国时期，由于受百家争鸣、诸子学说的学术自由的环境影响，私人藏书开始出现。墨子、苏秦等是早期私人藏书家的杰出代表。但那时没有固定的藏书处所，且藏书规模极小，藏书的多少常以"车"来计算。汉代时，汉惠帝废除了私人不得藏书的禁令，从那时开始，私人藏书进入了第一个黄金时期，促使洛阳槐市等民间书肆出现，并产生大量"佣书"人以抄书为业。当时皇帝赏赐王侯和大臣的物品中就有书籍，这也是私人藏书的一大特色。河间献王刘德和淮南王刘安等人的家中已有安置藏书的藏书楼出现。唐代时，安定的社会环境和科举制度的成熟大大激发了读书人的积极性，但限于当时印刷技术的局限性和教育条件的落后，图书的数量难以满足读书人的需求，这使得图书成为当时的一种"投资"目标，这又是私人藏书的一个黄金发展时期。在进入宋代以后，随着雕版印刷术的兴起，私人藏书事业迎来新的高峰，尤其是在南宋被迫迁都临安后，私人藏书的中心也随之南移，并一举奠定了私人藏书在此后六七百年的繁荣。值得一提的是，在这一时期，私人藏书的藏书目录取得了重大突破，改变了此前私人藏书有藏书无学术的局面。由此，私人藏书目录也逐渐形成制度，私人藏书与官府藏书形成了并驾齐驱的局面。私人藏书也在明清时期达到了巅峰。这一时期的藏书楼规模普遍扩大，藏书大户群雄并起，其中最为有名的当属明代范家的天一阁。清代《四库全书》的藏书楼便是仿照天一阁修建的。不同于其他朝代，明清时期的私人藏书的学术总结和研究很活跃，使越来越多的藏书家不仅藏书，还参与到了学术研究中来，使那个时期的有识之士辈出。

寺院藏书分为佛教藏书和道教藏书，两者都是以收藏本宗教的典籍为主，都属于特殊藏书体系。

佛教传入中国的具体时间，至今学界仍争论不休，但中国第一座佛教寺庙的建立时间是有史可查的，为东汉明帝时期的洛阳白马寺。从古印度来华的僧人居于白马寺，此地也成为佛经翻译的场所，《四十二章经》便译于此地，佛教藏书由此兴起。到了东汉末年，据《三国志》记载，徐州当时有三千僧人课读佛经，由此证明佛教寺院的藏书形态已经出现，并且所藏佛经已达到一定规模。到了南北朝时期，寺院藏书主要集中在北方中原地区，并以收藏内典为主，而南方地区相对较少。尤其是后赵、前秦、后秦、北魏等游牧民族建立的政权多笃信佛教，促进了佛教藏书的发展。而南朝在东晋灭亡后，从刘宋政权开始，南朝各代皇帝也信奉佛教，佛寺开始增多，所译佛经也开始增多，隐隐有超越北朝的趋势。隋唐时期，也是佛教发展的鼎盛时期，开放的学术风气和本土文化的繁荣使佛教开始中国化，原本就风格迥异的南北佛学在相互融合和排斥中形成了许多宗派，这使得佛教藏书的数量、内容和规模都达到了前所未有的高度。在这个时期，民间的抄经数量急剧增加，已超过儒家经典百倍之多。而在本书第一章中提到的现藏于大英图书馆的《金刚经》咸通九年刻本就是这个时期的雕版印刷佛经的代表作，是人类历史上值得铭记的一件事。宋代以后，佛教藏书由手抄本发展成为刻本，其也进入了平稳发展的时期。值得一提的是，这段时期的佛教藏书不再拘泥于只收藏佛经，哲学、医学、儒家经典、文学及其他宗教的书籍也在佛教藏书之列，这从敦煌遗书的种类中可观端倪，其也为中国古代文明的保存与传承做出了重大贡献。

道教藏书又称宫观藏书，中国最早的关于道教藏书的记载是从东晋开始的，最终成熟于隋唐时期，略晚于佛教藏书。尤其是在唐朝，由于李唐标榜自己为老子李耳之后，所以大力扶持道教。道经在这一时期不仅藏于道观中，政府还设置有专门的机构来收藏道经，这也促使了"道藏"的产生。而后的金、元、明诸代，道藏的编修和刊刻活动经常进行。清朝虽无编修道藏之举，但是多次重印道藏，这也为道教藏书的发展提供了坚实的基础。

书院藏书不同于上述三种藏书，其更像是中国封建社会的一个教育机构，对学术的研究发展、人才的培养起到了巨大的推动作用。

书院，顾名思义是一种将建筑物用围墙围起来的藏书处所，也可以广义地定义为古代的图书馆。书院藏书起源于唐代，是四种藏书体系中产生最晚的，其产生得益于印刷术的发展和纸张的大量生产。为了容纳越来越多的书籍，就必须建造较大的院落来安置这些书籍，方便读书人来此学习，于是书院便产生了。元代欧阳玄在《贞文书院记》中说："唐宋之世，或因朝廷赐名士之书，或以故家积书之多，学者就其数之所在而读之，因号为书院。及有司设官以治之，其制遂视学校……"书院也是一种教育机构，在世界的教育发展史上独具特色，对中国的区域性教育起到过巨大的推动作用。在唐代，书院有官办书院和私立书院两种，如著名的丽正书院和集贤书院就是官办书院的代表，其也是唐朝修书和侍讲之所。到了宋朝，书院和书院藏书迎来了大发展时期，鉴于宋朝稳定的社会环境以及日趋强大的经济力量，各地的学者、大儒和地方官员纷纷兴建书院，而雕版印刷术的推广和活字印刷术的产生更为书院藏书，大发展打下了坚实的基础。在各书院创办者和继承者的共同努力下，书院藏书在数量和种类上都很丰富，如著名的鹤山书院，藏书量已超过国家书库中的藏书，从这一角度也可已看出当时书院藏书的繁荣。但随着北宋中后期渐渐开始重视科举制度，大力兴办官学，书院开始衰落。宋朝南渡后，以朱熹等为代表的理学家的讲学活动受到越来越多人的追捧，于是作为理学讲学场所的书院又迎来了一个发展高潮，书院藏书也得到快速发展。元朝灭宋后，由于统治者急需对文化进行控制，使得这一时期的书院自由讲学风气不浓，书院藏书事业发展极其缓慢甚至停滞。明朝初期，书院依旧维持了前朝的规模。到了明朝中后期，由于吏治腐败、弊政丛生，一些有识之士倡导自由讲学，书院又开始新一轮的腾飞。著名的心学创始人王阳明就是这一时期的代表。但由于当时科举考试是读书人的首要目标，所以书院虽多，藏书却不丰富，各书院多以儒家经典为主要藏书。也由于这一时期的书院重讲学而轻读书，所以书院藏书的发展受到了一定程度的影响。这也使明朝的统治阶级对这种自由讲学的风气有所猜忌，发生了多起禁毁书院的案子，至此，明代的书院藏书事业一蹶不振。到了清朝，严苛的文化禁锢政策更令书院的讲学活动受到严格限制，但这也是书院转而大力发展藏书事业的原因，书院藏书反而兴盛起来。到了清光绪年间，随着书院被改为学堂和封建制度的崩溃，书院逐渐消失在历史的舞台上，书院的藏书也陆续被各地图书馆接收。至此，存在了上千年的书院藏书事业基本结束。

古代丝绸之路上的藏书事业的发展

一、西北路上丝绸之路地区的藏书事业发展史

路上丝绸之路的起点为六朝古都的今陕西省西安市,经河西走廊的兰州、乌鲁木齐等地。这也是四条丝绸之路中的主路,其向西传播的不仅是商品,还有文化。这条路上的藏书楼发展要早于丝绸之路的形成时间。

早在殷商时期,在今河南安阳就发现了商代最大的藏书处所——龟室。公元前11世纪,周武王灭商后,定都于镐,即今西安市西南,这也是路上丝绸之路藏书处所的起源。西周的官府藏书较商代而言有了较大的发展,从周王室到各诸侯国都建立了各种各样的藏书机构,其中在自商以来就作为宗庙藏书处所的龟室之外又设有图室。西周时期,龟室仍作为收藏甲骨文类的卜辞的处所,而图室则收藏有竹简、玉版和早期的帛书,其他诸如太史府、盟府等藏书机构所藏文献种类各有不同,皆比前朝有所发展。西周时的官府藏书沿袭商代,仍由史官负责,《周礼》中便有"史掌官书"的记载。不同的是,由于西周时的藏书规模扩大,藏书的管理机构分工也更细,有大史、小史、内史等多个官

职,此时期的史官数量不下千人,并且地位显赫,由于图书档案都归史官负责,所以在周天子和各诸侯面前可以参与政务。直到周平王放弃镐京迁都洛邑,中国也由此进入春秋战国时代,由于生产力的发展、周天子地位的衰落,史官失去了往日的威严和崇高的地位,也不能再参与军政大事,其职责仅限于掌管历法和搜集整理典籍。秦国的首都咸阳,作为后来丝绸之路起点长安的前身,其藏书处所依旧是宗庙和太史府,而其藏书主要为本国的史书和文书。

秦始皇统一六国后,建立了中国历史上第一个封建王朝——秦朝。秦始皇在灭六国的过程中,将周王室及六国的官府藏书全部集中到秦朝的都城咸阳,对缴获的图书只留存一小部分于秦王宫,其余全部焚毁。再加上后来为人们所熟知的"焚书坑儒",中国文化可以说遭受了一场空前的浩劫。秦历二世而亡,项羽攻入咸阳时,又一把火将秦朝官府藏书的处所连同阿房宫烧毁,秦朝的官府藏书除被刘邦带入蜀中的那一部分外,其余皆彻底被毁。

汉朝建立后,十分重视书籍,推行了一系列有利于藏书事业的举措,在很多方面都可以说是前无古人的。如建宫廷藏书楼,首开建造专门用于官府藏书建筑之先例,而这项工作的提议和组织者正是萧何丞相。他在督造未央宫时,特意建造了石渠阁、天禄阁、麒麟阁三座藏书楼,虽然汉朝之前的各朝代都有藏书处所,但像西汉这种专门为保护藏书而建造的藏书楼确是首创,以致后来的皇家藏书的别称就是"石渠""天禄"。后来，汉朝的各代皇帝还设立有兰台、东观、延阁等藏书楼，规模十分可观。也正是在这个时期，路上丝绸之路逐渐形成，作为丝绸之路起点的西汉首都长安和东汉首都洛阳，其藏书楼中丰富的典籍为中华文化向西传播奠定了坚实的基础。随着丝绸之路的繁荣，不仅长安和洛阳的商品和文化向西传播，西方的商品和文化也同时进入了中国。西汉时期，佛教就开始传入中国，东汉明帝时期，由于汉明帝和大臣信奉佛教，汉明帝曾遣使去大月氏求取《四十二章经》，并在洛阳修建白马寺以供外来僧人居住传经，佛教得到飞速发展，除了白马寺中藏有佛经外，佛教典籍开始出现在汉代的官府藏书中，其中兰台就藏有一定数量的佛经。但到了东汉末年，董卓火烧洛阳，大量的官府藏书被焚毁，其中就有佛经。由于东西两汉的统治时间较长，为社会带来了长久的稳定，私人藏书也得到快速发展，而在长安和洛阳的私人藏书家的具体数量由于缺少史料记载不得而知，但可以肯定的是，当时在京的很多官员家中的藏书都是很丰富的，如东汉末年，大臣王允为躲避董卓之乱，带"七十余乘"书籍西迁，而关于这一时期的私人藏书楼没有史料记载，我们只能推测私人藏书可能藏于宗祠之中。

东汉灭亡后，魏文帝曹丕定都洛阳，但由于三国鼎立的局面，魏国无暇西顾，致使丝绸之路又被北方游牧民族阻断，匈奴和其他游牧民族的人民大量南迁进入中原和陇西地区，这也为后来的五胡乱华埋下了伏笔。由于曹魏政权继承了汉代的藏书，并沿用东汉的藏书楼，所以这一时期的丝绸之路上的藏书楼处于缓慢发展阶段。西晋代魏而兴，继承了汉魏的藏书楼制度，以兰台为外台，以秘阁为内阁，并保留了御史中丞掌管兰台典籍的传统，并将秘阁、兰台和崇文院设为官府藏书的处所，随后西晋接连灭蜀汉和东吴，社会由此进入短暂的稳定时期，晋武帝不仅将东吴的馆藏图书迁入洛阳的宫廷藏书楼，还广泛搜集民间图书，不断扩大藏书规模，由于藏书数量激增，又建石渠阁来储藏典籍，这些藏书奠定了西晋官府藏书的基础，其藏书数量甚至超过了两汉。但后来发生了八王之乱和五胡乱华，匈奴首领刘聪率军在此时攻入洛阳，魏晋两朝经营了近百年的都城顷刻间化为废墟，西晋在洛阳所藏的图书也未能幸免。

晋朝南渡，中国从此进入南北朝时期，中国的文化中心也随之南迁。由于北方十六国多为游牧民族建立，其统治阶级在一开始并不重视文化教育，这使得丝绸之路上的藏书事业停滞甚至出现了倒退现象。直到北魏统一北方后，北方结束了长时间的分裂状态，社会趋于稳定。北魏初期，统治者对图书并不重视，也没有建立官府藏书。但随着受汉文化的影响越来越深，北魏的统治者开始意识到图书的重要性，多次下诏收集图书，尤其是在北魏迁都洛阳后，孝文帝推行全面汉化政策，并效仿南朝建造了东观和秘阁两处藏书楼，自此丝绸之路的藏书事业又得到了发展。后来北魏衰败，分裂为东魏和西魏，其中西魏定都长安，北周后取代西魏，并迅速统一北方。由于西魏本无藏书基础，自然北周的藏书就非常少，因此北周的藏书处所只有麟趾殿一处，其藏书量尚不及南朝私人藏书大家的藏书量，可见由于北朝一直处于战乱中，丝绸之路上藏书事业的发展出现了倒退现象。值得一提的是，由于北朝各代皇帝都笃信佛教，及丝绸之路上的凉州、敦煌等地都是东行传法和西行求法的僧人的必经之路，所以形成了凉州和长安两个佛教传播中心，许多高僧在这里译经、传法，致使丝绸之路上建有很多寺院和石窟，尤以敦煌石窟最为著名。石窟中多藏有佛经和石刻佛经，佛教典籍被大量翻译传播，佛教的传播达到一个新的高度。虽然后来有北魏太武帝和北周武帝的灭佛运动，但是北魏文成帝，北周宣帝、静帝的兴佛又使寺院藏书得到快速发展。寺院藏书的发展和壮大也是路上丝绸之路在这一动荡时期中的一个大成就。私人藏书在这一时期主要集中在南朝，路上丝绸之路上的私人藏书几乎不见于册。

中国终于在隋朝灭陈后迎来了新的统一，在经历了魏晋南北朝的动荡后，藏书事业迎来了高速发展时期，隋唐五代时期也是我国古代藏书史上第二个大发展阶段。隋朝由于实行一系列的改革措施，使得社会环境处于稳定和高速发展的状态，虽然隋历二代而亡，但是代之而兴的唐王朝继续推行隋朝的一系列政治和经济政策，在很大程度上稳定了社会环境，这也为藏书事业的腾飞奠定了坚实的基础。繁荣的隋唐经济产生了举世闻名的隋唐文化，这一时期的著作之多、诗文之富冠绝古今，而且儒、道、释三种宗教学说同时并存，互相影响。文化的繁荣不仅使图书的种类和数量增多，还使读书的人增多，科举制度的确立和雕版印刷的发明、普及，促进了藏书事业的发展。丝绸之路的起点长安作为隋唐两代的政治经济文化中心，起初长安的官府藏书的基础很薄弱，随着隋文帝向民间大规模征书，官府藏书开始充实，在隋灭陈后，南朝积累了几百年的藏书被运送到了长安的秘阁，隋朝藏书达到了一定的规模。隋朝的藏书机构有秘阁、观文殿、修文殿、嘉则殿等处所，隋初的官府藏书藏于秘阁，而其他藏书处所多为隋炀帝时建造。其中西京长安的嘉则殿是隋官府藏书的最大聚集地，据《资治通鉴》记载，内藏图书近40万册。随着图书的增多，隋朝又在东都洛阳修建了修文殿和观文殿专供官府藏书之用，这也标志着我国古代藏书开始了大规模发展。

隋代官府藏书有两大特点，其一就是按图书内容分库管理，如观文殿前书室"东屋藏甲乙"即经史两部书，"西屋藏丙丁"即子集两部书；其二为隋代官府藏书极为注重藏书的制作和装帧质量，使得这一时期的印刷和造纸工艺得到快速发展。自隋朝开始，官府藏书开始变藏为用，官府藏书不再仅限于皇帝和皇亲阅览，诸多大臣和学者在这一时期利用官府藏书中丰富的资源完成了许多著作，这也是隋唐文化得以繁荣的一个重要因素。隋朝灭亡时，一大批随着隋炀帝南巡而被带到江都的藏书毁于兵祸，而留在长安和洛阳的藏书被李世民收缴，但在通过水路押运洛阳的藏书前往长安的过程中，由于船只触礁沉没，大部分藏书被损毁，幸免于难的十不一二。唐朝在隋朝灭亡后的很短时间内迅速灭掉各割据政权，社会又回归稳定，藏书事业又开始发展。唐朝和隋朝一样，在长安和洛阳都设有藏书机构，其中秘书省是官府藏书的主要收藏处所之一，尤其是在唐朝初年，唐朝的官府藏书几乎都藏于此处，其后秘书省先后改名为兰台、麟台、秘书监等，最后又恢复了秘书省的称呼。秘书省作为执掌文化的机构，在太宗、武后、玄宗时期的藏书量与日俱增，致使秘书省没有多余的地方来安置藏书，不得不新建了许多藏书处所分流秘书院的藏书，虽然在安史之乱后再也不能恢复以前的水平，但其在整个唐代的官府藏书中始终占据着不可替代的位置。弘文馆建于唐高祖时期，长安和洛阳均有设置，和秘书省一样，弘文馆也多次更名，最终才定名为弘文馆；其藏书构成因为缺乏史料记载，不得而知，但是可以确定的是，弘文馆除了藏书的职能，还具有校书、誊写书籍的任务。同为官府藏书机构，与秘书省不同的是，弘文馆的藏书专为本书院的学士、各类职员及生徒服务，其他人员不得阅览，其性质也与今天的学校图书馆类似。此外，史馆、崇文馆、司经局、集贤院和翰林院等都是唐朝官府藏书的处所，其职能既有相同之处，又各有特点，如史馆专藏史书、崇文馆为唐代太子的学馆、翰林院专收藏皇帝颁布的诏书等。

　　繁荣的藏书事业在安史之乱后逐渐开始走向低谷，到了后梁取代唐王朝后，中国进入了五代十国这个大动荡、大分裂时期，社会难以稳定，藏书事业在这个兵荒马乱的年代处于瘫痪的状态。但是，在个别地区，藏书事业得到了一定程度的发展，尤其是丝绸之路上的归义军，成了中原人民躲避战乱的世外桃源。归义军首领张议潮于唐末收复被吐蕃占据上百年的瓜、沙十一州和凉州等地后，从长安经萧关通往西域的丝绸之路已完全打通，"路阻萧关雁信稀"的局面已不复存在。在朱温篡唐后，归义军继续占据的丝绸之路，历后梁、后唐、后晋、后汉、后周五代，在此期间，丝绸之路区域内的社会经济稳定，知识分子开始向西聚集，同时也带来了大量的藏书，使得藏书事业在遥远的丝绸之路上发展起来。

私人藏书在隋唐五代时期较魏晋南北朝时有所发展，藏书家的数量、藏书的数量和质量等都有很大的进步。虽然隋朝国祚很短，但其政治中心有长安、洛阳、江都三处，私人藏书也主要分布于此三处，前两地就是路上丝绸之路的起点。同样是由于隋朝存在时间太短，这一时期的私人藏书的人数和藏书数量均不多。到了唐代，随着各项文化事业的发展，私人藏书也开始发展，这一时期，专用于收藏私人藏书的藏书楼开始出现。安史之乱前，藏书家主要集中在长安和洛阳两地，不仅像李袭誉、李元裕等宗室之人酷爱藏书，如魏征、颜师古等大臣和学者也是收藏书籍的爱好者，拥有万卷以上丛书的藏书家不在少数。安史之乱以后，私人藏书事业的发展脚步开始放缓，以长安为中心的私人藏书布局也开始发生变化。到了五代十国时期，丝绸之路上的私人藏书事业开始衰败，虽在后唐定都洛阳后又有所反弹，但是随着后唐的灭亡，丝绸之路上的私人藏书事业在连年的战火中彻底没落。

在隋唐时期，佛教经典在官府藏书中一直占有一定的比例。在隋朝初年，隋文帝便下令修复被损毁的寺庙，大力扶植佛教，使得这一时期的寺庙开始增多，寺院藏书也开始发展。其中长安的大兴善寺就被定位为国寺，领导全国佛教，在隋文帝时译经近五百卷，并整理编订了《大隋众经目录》。寺中藏有大量佛经，数量蔚为壮观。隋炀帝时，丝绸之路已成为东西方佛学交流的主要通道，中土的僧人沿着这条路将中文佛教典籍带到西域各国，古印度的僧侣通过这条路将梵文的佛经带入隋朝并翻译为中文。这期间，隋炀帝命人将部分佛教经典由中文译为梵文，赐予即将返回西域的沙门，可见，隋朝时的丝绸之路也起着佛教相互交流的纽带作用。

佛教在经过隋朝二位皇帝的扶持后，在唐朝迎来了一个高峰，唐各代皇帝对译经事业大力支持，唐朝时的寺院数量如雨后春笋般增长，译经抄经的风气盛行。在唐太宗时，佛教得到快速发展，并在长安建有专用于翻译佛经的翻经馆。随着文成公主入藏和亲，佛教开始沿着丝绸之路传入吐蕃。其后又出了一位闻名中外的高僧玄奘。玄奘从长安出发，沿丝绸之路进入古印度求取佛经，在17年后回到长安，带回佛经600多部，并于长安弘福寺译经，宰相房玄龄监理。后来太子又为玄奘建造了慈恩寺，并在寺中建翻经院，供玄奘居住讲经。此后，印度沙门那提携经书千部来中土传教，居于慈恩寺，并在此译经。另外，吐蕃僧人法成，在丝绸之路上的甘州修建了多处寺院，并传经译经。因此，丝绸之路可以说为佛教的东西相互传播提供了有力的支持，也可以说丝绸之路就是一条文化之路，而敦煌就是这条文化之路上的璀璨明珠。

敦煌地处河西走廊的西端，是丝绸之路北路与南路（草原丝绸之路）的汇合点，由于地处要冲又远离内地，环境相对安定，经济文化在一定时期内较为繁荣，佛教随着丝绸之路很早就传入了敦煌，在东晋时期，形成了举世闻名的敦煌石窟，其中以莫高窟为代表的石窟有550多个，藏有大量壁画、彩塑、佛教及各类书籍，这一时期敦煌的著名寺院有龙兴寺、三界寺等，其中龙兴寺为官经的储藏之所。敦煌地区寺庙的与世无争，很多文人便将自己的著作和藏书送入寺中珍藏，这也是敦煌的很多寺院和石窟中不仅藏有佛经，还藏有其他各类图书的原因。这是寺院藏书发展过程中的一个新的特点，这一特点也在以后各朝代的寺院藏书中继承下来。

敦煌地区的寺院还有一大特点，就是寺学的建立。寺学不仅教授受戒的僧人，还教授俗家弟子，前文所说的张议潮就在敦煌的寺学中学习过。因此敦煌寺学也具备了书院的一部分职能。唐朝时，书院开始出现，随之而来的是书院藏书的兴起。丽正书院和集贤殿书院为唐初设置在长安的官办书院，它们也被视为是中国书院的鼻祖。有唐一代，非常重视文化教育，而丽正书院和集贤殿书院和后来的书院有些不同，其一开始的职能是校勘书籍和储藏图书，相当于当时的国家图书馆。其也是路上丝绸之路上的书院藏书发展的开端。

宋辽金元时期在中国的藏书史上是一个非常重要的时期。从多民族割据对立到元统一中国广大地区，此间经历了300多年，而西北丝绸之路上的藏书事业的发展也处在了一个特殊的时期。由于河西走廊被西夏政权占据，中原的宋王朝从此失去了对丝绸之路沿线地区的控制，延安、原州等离长安较近的城市变成了边镇，又因为宋朝定都东京（今河南开封），长安和洛阳失去了其政治经济文化中心的地位，诸多原因迫使藏书事业开始向东向南转移。这一时期的丝绸之路在北宋时就经历了宋夏之间的多次大战，又遭受了西夏与金、与辽、与蒙古的多次战火冲击，丝绸之路上的社会环境不稳定，再加上西夏封锁北宋向西的文化渗透，致使丝绸之路上的藏书事业在这一时期并没有因雕版印刷术的发展而发展，而是停滞不前，甚至出现倒退现象。西夏作为这一时期的一个地方性割据政权，由西北的党项羌族建立，其兴起于唐末，最终为蒙古所灭。由于西夏具有自己的语言和文字，西夏的统治者又在本国内大力推广西夏文字，并多次组织学者翻译汉文典籍和佛经，使得本民族的文化得到大力发展。与此同时，西夏的统治者还积极吸收中原文化，以儒学为治国之基，实行科举制度，产生了大量西夏文、汉文等书籍文献，使得丝绸之路上的藏书事业出现了一种新的形态。

西夏的藏书情况，在史籍中无从查找，但是我们从一些考古发现以及当时西夏向北宋求书的记载中可以推测出，西夏的官私藏书都很丰富，西夏也极为重视从北宋求得的书籍，专门修建了寺庙作为藏书处所。如位于西夏都城兴庆府（今宁夏回族自治区银川市）内的承天寺，就是专为收藏从北宋求得的《大藏经》修建的。由于宋夏之间有过50多年的和平，西夏的文教事业得到快速发展，加之党项人笃信佛教，丝绸之路上的佛寺如雨后春笋般大量出现，寺中皆藏有用西夏文书写的佛经。如今甘肃张掖的卧佛寺，就是在西夏时期修建的，寺内有佛殿、藏经洞等建筑。

　　这一时期西北丝绸之路上的寺庙藏书在内容和形式上都有了长足的进步。1909年，俄罗斯探险家科兹洛夫在西夏故城黑水城（今内蒙古自治区额济纳旗境内额济纳河下游东部）考察时，在一座西夏贵族墓地的古塔中发现大量的藏书，其文字大多为西夏文，内容多为佛经。从一座私人陵寝中就发现了数量巨大的图书，由此可以看出西夏私人藏书的规模之大，也可以推断出当时西夏的官府藏书数量应是有过之而无不及的，而在耶律楚材灭掉西夏后缴获了大量的图书也可印证这一点。历代以长安和洛阳为丝绸之路藏书中心的状况也从这时起开始改变，藏书中心开始向西转移，而兴庆府无疑成为这一时期西部丝绸之路藏书事业的中心。一种糅合了中原文化的西夏文明开始向西传播，并对西夏国境之外的丝绸之路上各个地区的藏书事业和文化发展产生了深远的影响。元朝在统一中国后，除在首都的藏书机构外，还在各地设置了藏书处所，在包括丝绸之路上的陕西和甘肃等地设立行省，行省下的各路、府、州、县皆设有架阁库，其为行省收藏图书案牍的专门场所，并在丝绸之路上的各道设有宣慰司，掌管军民事务，其中就包括收藏图书。

元代，藏书处所的分布开始分散化，不再集中在一地或几地，这也为西北丝绸之路上藏书楼的发展开创了新的局面。

明朝灭掉元朝后，建立了270多年的大一统王朝，长时间的社会稳定，加之有利于农业和手工业发展的各项政策，促使明朝的经济有了很大的发展，甚至在明末出现了资本主义萌芽，优厚的经济条件，使越来越多的人喜欢读书和藏书，明朝的藏书事业也得到空前的发展，并具有鲜明的时代特色。由于明朝的首都为北京和南京，所以官藏图书的中心远离西部丝绸之路，再加上明代的私人藏书在地域上分布很不平衡，北方地区少，南方地区多。所以除继承元代的地方藏书制度和地方藏书外，丝绸之路上的图书事业并没有像江浙等地那样繁荣，但是在整体的大发展环境下，丝绸之路上的私人藏书和书院藏书还是有了一定的发展。而在明朝统治者大力扶植汉传佛教的背景下，藏传佛教随着元朝统治者退出中原。这一时期的西部丝绸之路上的寺院藏书中的藏传佛教典籍开始增多，是一个重要特征。

清朝作为中国最后一个封建王朝，其历史特征可以分为两段，第一段为鸦片战争之前，第二段为鸦片战争到清宣统皇帝退位。藏书事业在这两个时段中的特点有着极大的不同，后者也可以称为藏书事业向近现代过渡的时期。

明末清初间的几十年的战争使官府藏书和私人藏书都遭受了

极大的损失,藏书事业萎靡不振。但随着清朝最终统一中国,社会逐渐安定下来,藏书事业又迎来了发展良机。与明朝一样,由于远离政治与文化中心,丝绸之路上的藏书事业发展缓慢,又因为清朝奉行闭关锁国政策和清朝前中期的西北战事不断,丝绸之路在鸦片战争之前被彻底废弃了。除寺院藏书因清朝扶植藏传佛教有所发展外,丝绸之路上的其他类型的藏书事业发展极其缓慢,不被世人所重视和熟知。

二、草原丝绸之路上的藏书楼发展史

草原丝绸之路沿线经过的主要古代城市有辽上京(今巴林左旗辽上京遗址)、元上都(今正蓝旗元上都遗址)、集宁路(今集宁路古城遗址)、天德军(今丰州古城遗址)、德宁路(今敖伦苏木古城遗址)、哈喇浩特(今额济纳旗黑城遗址)等地。

根据考古资料,草原丝绸之路初步形成于公元前5世纪前后,是四条丝绸之路中最早产生的,其产生的原因与游牧民族的生活习俗以及部落之间的战争有关。以黄金与青铜为主的贵重金属装饰品的交换与流通,促进了不同地区的游牧文化的发展,同时也开辟了不同地区的商贸通道。在整个亚欧草原地带的不同地区,相继发现了装饰风格与造型相似的黄金饰品与青铜器,这既是不同地带文化交流的体现,也是草原丝绸之路东端开通的重要标志,内蒙古地区在草原丝绸之路中的区位优势日渐凸显。虽然先秦之前没有有关书籍和与草原丝绸之路相关联的记载，但这些先决条件也为日后草原丝绸之路上藏书事业的发展奠定了基础。

秦汉时期，由于自然灾害和受到秦汉两代王朝的持续打击等原因，匈奴逐渐衰落，分裂为南北二部。其中北匈奴西迁至欧洲，南匈奴南下附汉。匈奴的西、南迁徙实际上是将蒙古草原地区的丝绸之路进行了强有力的连掇与拓展，与漠南的沙漠丝绸之路形成亚欧大陆南北两大交通要道，丝绸之路逐渐形成带状体系。而在蒙古国诺言乌拉、高乐毛都的匈奴墓葬中出土有写有汉字的丝绸等物，说明在秦汉时，书籍已在草原丝绸之路上传播，但根据匈奴无固定城池居住和无史料记载可以推测，这一时期的草原丝绸之路上仍无藏书处所出现。

到了魏晋南北朝时期，拓跋鲜卑以草原丝绸之路为依托开始南迁，其后定都于盛乐（今呼和浩特市和林格尔盛乐古城），建立北魏，草原丝绸之路得到了进一步的发展。此时，草原丝绸之路上开始出现藏书处所，魏太祖在迁都平城（今山西省大同市）后，修建了秘阁用以藏书，初步建立起了以经书和史书为主的官府藏书体系，但随着北魏迁都洛阳，官府藏书的处所随之南迁，草原丝绸之路上的官府藏书逐渐消失。在此期间，草原丝绸之路上的寺院藏书也同步发展起来，在和林格尔的盛乐古都和大同等地的寺院和石窟中均藏有大量石刻及佛教典籍。

唐朝建立后，随着唐朝统一漠北草原，草原丝绸之路得到进一步的发展。唐朝的强大迫使漠北草原的游牧部落在回纥的率领下归附唐朝，这些游牧民族的首领为方便来长安朝拜唐朝皇帝，向唐太宗申请在大漠南北专门开辟一条大道，称为"参天可汗道"，这条路从长安出发，渡过黄河到云中受降城，北越阴山，至回鹘牙帐，然后穿越蒙古草原向西方延伸。实际上就是由唐朝关内道北部军事重镇丰州（治所在今内蒙古自治区包头市五原县南）向北通往回纥牙帐的交通要道，这使得草原丝绸之路的东段再一次得以开发与拓展，并为辽朝时期草原丝绸之路的全面繁盛奠定了基础。商贸的往来中有图书通过草原丝绸之路向北、向西传播，但这一时期的史料中并没有关于草原丝绸之路上的藏书处所和藏书事业的详细记载，我们只能根据有限的考古资料推测这一时期草原丝绸之路上的藏书事业也是在缓慢发展的。安史之乱后，唐朝国力衰落，吐蕃完全控制了西域。加之党项和回纥兴起，草原丝绸之路均被阻断，阴山道和参天可汗道逐渐被荒废，昔日繁华的草原丝绸之路陷入沉寂。

随着契丹的兴起和契丹国的建立，草原丝绸之路又开始繁荣起来。当时西夏占据河西走廊，辽朝与西方国家的往来主要依靠草原丝绸之路。辽朝以上京（今内蒙古自治区巴林左旗南）、中京（今内蒙古自治区宁城县大明城）、东京（今辽宁省辽阳市）、南京（今北京市）、西京（今山西省大同市）为五京，除南京外，其余四京皆在草原丝绸之路上。契丹人建国之初，仿效汉字创造了契丹大、小字，并将许多汉文典籍翻译为契丹文，辽朝的统治者奉行儒、佛、道并重的文化策略，大力倡导和学习儒家思想和文化，在这种环境下，草原丝绸之路上的藏书事业取得了一定的发展。在向民间求书和将后晋的皇家藏书北运后，辽朝的官府藏书已初具规模，并先后设有崇文馆、乾文阁、观书殿、昭文馆等藏书楼，使得草原丝绸之路上的官府藏书事业得到快速发展。但由于辽朝禁止民间私刻图书，除契丹贵族外，私人藏书事业受到极大的限制。契丹王子耶律倍修建的望海堂是当时很著名的私人藏书楼。辽金时期，由于统治者皆信奉佛教，所以辽金两代都进行过大规模的修建佛寺、佛塔，刊印佛经的活动，如龙化州（今内蒙古自治区翁牛特旗西）的开教寺和上京的天雄寺就是在辽初修建的，并藏有大量佛经。值得一提的是，石刻佛经在这一时期也迎来了巨大的发展机遇，草原丝绸之路上的石刻佛经就是在这一时期发展起来的，其中辽代云居寺的石经就有上百部，尤以可见整个草原丝绸之路上的石刻佛经数量之巨大，其中最为著名的当属历时数十年完成的《契丹经》。辽国灭亡后，辽国贵族耶律大石率部沿草原丝绸之路西迁至中亚地区，征服了高昌回纥、喀喇汗王朝，建立政权，史称西辽。西辽政权在西迁的同时，将东方的儒家思想、语言文字、典章制度及生产方式带到中亚地区，这也是草原丝绸之路对于文化传播的重要贡献之一。

  元统一中国后，草原丝绸之路迎来了发展与繁荣的顶峰。元王朝正式建立驿站制度，以上都、大都为中心，构筑了连通漠北至西伯利亚、西经中亚达欧洲、东抵东北、南通中原的发达的交通网络。草原丝绸之路既是政令、军令上传下达的重要通道，也是对外进行商贸往来的主要线路。大都由于是草原丝绸之路的中心，也使得草原丝绸之路的藏书事业有了巨大的发展，特别是寺院藏书事业得到了很大的扶持，并取得了很大的发展。如今呼和浩特市的万部华严经塔等佛教寺庙都藏有大量的佛教经典，并通过草原丝绸之路传播佛教。草原丝绸之路的发达也为草原丝绸之路上的藏书事业带来了高度繁荣，从而使草原文明在元朝达到了极盛。

明朝时期，北方草原地区战争迭起，明王朝被迫关闭边境，加固长城，草原丝绸之路一度被阻断。丰州古城、板升城在明后期建立起来，使草原丝绸之路上有了一定的藏书，但规模很小，而藏书处所几乎不见于史。

清朝建立后，实行了闭关锁国的政策，阻滞了中西方文化交流，在这种背景之下，草原丝绸之路上的藏书事业伴随着草原丝绸之路的衰落而逐渐衰败。

三、西南丝绸之路上的藏书楼发展史

西南丝绸之路在汉武帝时被打通，至此，西南丝绸之路成为连接中原与西南区的纽带。在汉代，由于西南丝绸之路远离政治中心，官府藏书并没有出现在这条丝绸之路上。再加上交通不便，西南地区为多民族地区，文化隔阂很深，汉文化在一开始遭到了西南其他民族的抵制，文化融合的速度很慢，更不要说藏书事业的发展了，除了被封于蜀地的汉代诸王的王府中存有或多或少的藏书外，其他地区少有藏书处所。

到了魏晋南北朝时期，刘备以西蜀的成都为都城延续汉朝血脉，其后，诸葛亮多次南征，使得西南丝绸之路上的文化隔阂逐渐减弱，西南丝绸之路上的藏书事业得到发展，刘备依照汉制建东观收藏所得图书，并设秘书令等官职来管理图书，但由于蜀汉政权地处边陲，交通不便，致使东观的藏书增长缓慢，很难与魏国的藏书相媲美，可见这一时期西南丝绸之路的藏书事业也发展缓慢。在魏灭蜀汉后，蜀汉藏书的最终去向无史料记载，但应是尽迁往晋朝都城。与官府藏书不同的是，蜀汉时的私人藏书开始蓬勃发展，如任蜀汉巴西太守的向朗，在被罢官后，将全部精力都放在藏书工作上，成了当时蜀地的第一藏书大家。并且，他还开展了多项在藏书史上具有承前启后作用的活动。他将自己的藏书用于对外借阅和对读者进行知识辅导的行为是他独创的，也影响着后世的藏书家们。此时的蜀汉也出现了一些对藏书秘惜吝借的人，如许慈、胡潜等，他们这种行为成了后世私人藏书家"秘而不宣"观念的源头。由此可以看出，蜀汉虽然偏安一隅，但是对西南丝绸之路以及整个中国的私人藏书事业做出了重大的贡献，为后来西南丝绸之路私人藏书事业的繁荣打下了牢固的根基。

南北朝时期，由于西南丝绸之路地处南朝，且不是北朝南伐的主要地点，相对安定，藏书事业有所发展，但仍不可与江南的藏书事业相媲美。

　　随着繁荣的隋唐文化的到来，西南丝绸之路的藏书事业迎来了鼎盛时期，西南作为隋朝和唐朝的大后方，基本上没有战乱波及此地，这也为西南丝绸之路的藏书事业的发展提供了良好的外部环境。这一时期，纸张的产量和质量有了极大的提升，但雕版印刷术还未普及，并且唐代的主要刻书区域就集中在四川，尤以成都最为出名，现在发现和见于文献记载的很多早期印本实物就是川本。这些都为西南丝绸之路藏书事业的发展提供了有利条件。直到后来的五代十国时期，四川仍是全国主要的刻书中心之一。随着雕版印刷术在五代十国时期的发展和普及，刻书已经成了政府的正式文化事业，这为日后宋代享有盛誉的蜀本奠定了良好的基础。拥有刻书中心的西南丝绸之路的藏书事业自然发展迅速，蜀地在唐后期和五代十国时期成为中国的文化中心之一，在唐玄宗和唐僖宗奔蜀时，成都两次成为临时首都，唐书随之流入西南丝绸之路，有些皇家藏有的佛经甚至通过西南丝绸之路流入吐蕃。此处先有前蜀王建修建新宫，藏四部书于其中，后有后蜀毋昭裔兴建学校，雕印书籍，使得西南丝绸之路文化大为兴盛，官藏图书数量极为可观。在私人藏书方面，西蜀的私人藏书家数不胜数，而在此时西南丝绸之路上，蜀中各地兴建藏书楼的现象比较普遍，如蜀人孙长孺就曾修楼以藏书。而西南丝绸之路上的寺院藏书和书院藏书亦有所发展，尤其是寺院藏书也很丰富，但是史料中对这方面的内容记载甚少，故在此不提。

五代十国的动乱时代终于在宋朝时结束，而蜀中的官府藏书也因后蜀的灭亡而被北运至北宋汴京，存于北宋的皇家藏书阁中，而北宋初年藏书阁中的藏书有三分之一来自于灭蜀所得，可见当时西南丝绸之路上的藏书事业的发展有多么繁荣。由于西夏占据着西北丝绸之路，西南丝绸之路和海上丝绸之路就成了北宋与西方世界沟通的通道。这一时期的西南丝绸之路的官府藏书虽然逐渐衰败，但是私人藏书和书院藏书事业并没有受到影响，反而得到快速发展。如南宋魏了翁于四川蒲江修建的鹤山书院，藏书多达10万卷，学院中所藏图书供学员阅读学习。而以前兵部侍郎刘仪凤为代表的私人藏书家，不但藏书数量过万卷者比比皆是，而且都修建有专门的藏书楼，最为著名的当属晁公武修建的郡斋，我国现存最早的提要目录《郡斋读书志》就是在郡斋藏书的基础上完成的。由此可以看出西南丝绸之路的私人藏书事业和书院藏书事业开始走向繁荣。元朝在灭宋的战役中，对四川地区进行了多次攻击，这也对西南丝绸之路的文化造成了毁灭性打击，大量的藏书和藏书楼在战争中被焚毁，西南丝绸之路上的藏书事业陷入低谷。直到天下安定，元朝在四川设立了行省，在行省下的各路、府、州、县皆设有架阁库，用以收藏图书，并有如草堂书院这样的由蒙古人建立的书院出现，书院中藏书27万卷，为元代各书院藏书之最，但元代西南丝绸之路上的藏书事业已大不如前，未能恢复前朝该地区水平的十分之一。

　　明朝在统一全国后，四川又成为整个国家的大后方，西南丝绸之路上的藏书事业得到发展。私人藏书量和藏书楼的修建慢慢增多，佛教寺院藏书也发展起来，如峨眉山的灵岩寺、海会堂、白水寺等寺院在正统和万历年间分别被皇帝赐予大藏经，这对西南丝绸之路上的寺院藏书起到了促进作用。值得一提的是，西南丝绸之路上的道观藏书在明后期快速发展起来，如四川三台县的佑圣观在万历年间两次被赐予道藏。但西南丝绸之路上的藏书发展在遭受明末的张自忠和清军的两次兵灾后，基本被摧毁殆尽，四川赤地千里无人，清廷不得不从湖北、中原几省调人口充实四川，由此可见，经过明朝长时间发展的西南丝绸之路上的藏书事业重归于零。在经过几十年的长治久安后，西南丝绸之路虽然已因清朝对外闭关锁国的政策废弃，但其辐射地区中的藏书事业又慢慢发展起来，如私人藏书家詹尔庚在四川资阳修建的梧竹居，不仅作为藏书处所，而且是詹尔庚教授弟子的场所，具有了一定的私人书院性质。在寺院藏书方面，康熙曾赐予峨眉山伏虎寺藏经，三台县的云台观也藏有数量可观的道经。这都说明，在鸦片战争之前，西南丝绸之路上的藏书事业在慢慢愈合伤口，并发展起来。

四、海上丝绸之路上的藏书楼发展史

在汉武帝时期，海上丝绸之路的雏形产生了，其最初的起点在今天的南海地区。但是由于其远离中原地区以及当时中原文化尚未传播至此，海上丝绸之路主要以探索未知世界和与沿线各国互通有无为主，藏书事业并没有发展起来。

到了东汉时期，海上丝绸之路不再局限于南海地区，中国东南沿海地区的海上贸易逐渐繁荣起来，因为远离汉朝的长安和洛阳，所以这一时期的海上丝绸之路地区主要以私人藏书为主，而私人藏书家中大多为被封于东南沿海的诸侯王。寺院藏书在东汉时的海上丝绸之路地区也出现了，但是其藏经量很少。

魏晋南北朝时期，由于东吴政权割据东南，并积极鼓励海上贸易，以吴国都城建邺（今江苏省南京市）为中心的海上丝绸之路地区的藏书事业也开始蓬勃发展，揭开了海上丝绸之路地区在藏书事业上的华丽篇章。吴国开国皇帝孙权仿汉制设立了专用于收藏典籍的东观，景帝和末帝都大力发展官府藏书，使得东观的藏书达到了一定的规模。但是，在西晋攻破吴国都城后，将本来就不算多的吴国的官府藏书全部运送回洛阳，这使得海上丝绸之路地区的藏书事业元气大伤。经历了一段惨淡的时光后，直至晋室东渡，海上丝绸之路地区的藏书事业才迎来了新的发展高峰。

东晋定都建康，晋朝得以延续，虽然东晋延续了西晋时的藏书机制，但由于藏书量骤减，所以东晋只设置了秘阁一处作为藏书处所。东晋的历代皇帝都极为重视官府藏书，通过在全国各地征集图书、组织大臣借抄私人藏书等措施以充秘阁。但是由于典籍版本损失过于严重，收效甚微。

刘宋代晋后，其官府藏书仅是继承了东晋的旧藏，由于官府藏书量的增速缓慢，所以并未增设新的藏书处所。此后，刘宋通过攻灭后秦，将后秦的官府藏书全部运回建康，使得流散中原的各种书籍重归江左，这也极大地丰富了海上丝绸之路地区的藏书种类和数量。

到了宋明帝时期，通过文帝时的兴办官学，刘宋官学已经十分成熟，这促使官府藏书的种类和数量都大幅增加，已数倍于东晋初期。在这种情况下，刘宋政府下令设立总明观，下设儒、道、文、史、阴阳五部，用以藏书和进行学术研究，其藏书主要为学术性质的专业性典籍，这可以说是对海上丝绸之路地区藏书事业发展的一大促进。

南齐继宋后，官府藏书处所继承刘宋故业，仅设秘阁一处藏四部图籍。由于南齐存世日浅，所以官府藏书增加的不多，所不同的是，齐武帝将刘宋时的总明观改为学士馆，这也是南齐的最高学府。南齐时的海上丝绸之路地区的官府藏书并没有因改朝换代而受到影响，而是继续缓慢发展着。

梁灭齐后，南朝迎来了文化最发达的时期，官府藏书开始迅速发展，随着藏书数量的增长，除秘阁外，还增设了文德殿、华林园、东宫三处藏书处所，这四处藏书处所所藏图书各有侧重，如文德殿主要收藏各种字体书写的文献、华林园主要藏有佛家经典等，经过几十年的努力，海上丝绸之路地区的官府藏书终于进入了鼎盛时期。值得一提的是，海上丝绸之路地区的藏书事业的中心有过迁移，在梁元帝平灭侯景之乱后，在江陵称帝，将建康的全部官府藏书运往江陵，至此，据史料记载当时江陵的官府藏书已达14万余卷，远远超过了之前的各个朝代。但这些藏书在西魏伐梁时，梁元帝为不让自己辛苦积攒的藏书落入魏军之首，在江陵城破之时将全部官府藏书付之一炬，这堪称是藏书史上的一大灾难。

陈承梁后，官府藏书的处所依循梁制，没有大的改变，因为梁元帝将藏书全部焚毁，所以陈朝开国之初，官府藏书可谓是一片空白，尽管陈朝几代皇帝大力在全国各地区搜求图书，但是所得有限，且图书质量很差。虽然陈朝的官府藏书量不多，但仍设置了秘阁、德教殿、承香殿、寿安殿四处藏书处所，由此推测其官府藏书具有分类放置的特点。这一时期，海上丝绸之路地区藏书事业的中心又回到了建康，且藏书事业朝着精细化的方向发展。海上丝绸之路地区的藏书事业之所以在魏晋南北朝南朝时期蓬勃发展，是因为私人藏书家的藏书活动起到了重要的推动作用。南朝的藏书家上到诸侯官员下到学者百姓，分布地域之广，是汉代无可企及的，像谢弘微、王昙首、刘善明等一大批私人藏书家，为海上丝绸之路地区藏书事业的发展做出了巨大的贡献。一介布衣沈麟士，不但藏书，还修建了私人藏书楼，并在自家用藏书讲学，为当地的教育做出了巨大的贡献。由于航海技术的发展，南朝的藏书也作为商品沿着海上丝绸之路被运往朝鲜和日本地区。由于佛教经过了两汉时期的发展，南朝的皇帝和民众普遍信奉佛教，上至士大夫，下至平民百姓，都以抄经为日常的重要活动,这使得这一时期的寺院藏书不论在种类、数量还是分布范围上都有了长足的进步,如建康道场寺、广州制止寺、会稽嘉祥寺等都是海上丝绸之路地区寺院藏书的重要处所。

隋朝时期,海上丝绸之路地区的官府藏书事业经历了重大的变迁,由于隋灭陈统一华夏,陈朝为数不多的藏书被迁入隋都,由于远离政治中心,海上丝绸之路地区的官府藏书开始沉寂,但是随着京杭大运河的贯通和隋炀帝杨广将江都作为临时的首都,海上丝绸之路地区又短暂地拥有了官府藏书,此时的江都集中着隋朝官府藏书的精华,但可惜的是,在宇文化及发动兵变,攻入皇宫后,江都的官府藏书遭遇兵灾,"其目中并无一页传于后代"。有唐一代,由于海上丝绸之路地区远离长安和洛阳,所以并无官府藏书出现在这一地区。到了五代时期,南唐、吴越和南汉等政权先后割据于海上丝绸之路地区,官府藏书在此出现,尤其是在南唐和吴越,为五代十国时期官府藏书最多的两个国家。由于南方诸国战争相对较少,且因为海上丝绸之路经济发达,海上丝绸之路地区的文化繁荣起来。南唐的三代皇帝都十分喜欢藏书,先后设置了如礼贤院等多处藏书处所,并在统治区域内广泛求书,史书称"江南藏书之盛,为天下冠",可见当时海上丝绸之路地区包括官府藏书在内的藏书事业之盛况。但是经过多年的战乱,到宋灭南唐时,仅得官府藏书不足3万卷,余者皆毁于兵祸。隋唐五代时期的私人藏书家在海上丝绸之路地区数不胜数,且修建藏书楼的行为也越来越普遍,这其中就有很多著名的诗人，在这里就不做过多介绍了。这些藏书家中有很大一部分还通过海上丝绸之路从事着书业贸易，如唐代的扬州、绍兴地区的书籍贸易"处处皆是"，很多图书就是在这个时期流入日本和朝鲜的。现日本很多图书馆中都藏有唐代版的书籍。可以说海上丝绸之路的畅通为书籍的贸易打下了坚实的基础，书籍贸易的昌盛又反过来刺激了海上丝绸之路地区的藏书事业的发展。书籍的大规模需求也孕育了雕版印刷术的发明和推广。海上丝绸之路地区的私人藏书和图书贸易并没有因战乱而受到大的影响。

海上丝绸之路地区的寺院藏书也同样有了巨大的发展，并在政府"在诸州县各建僧、尼寺各一所"政策的鼓励下，寺庙道场林立，高僧辈出，译经和抄经事业蓬勃发展，并深深地影响着海上丝绸之路沿线的国家，如鉴真沿海上丝绸之路六渡日本传教，并为日本带去了大量的佛教典籍，由此也可看出当时在中国海上丝绸之路地区的寺院藏书之盛。到了五代时期，很多学者和士大夫为使自己的著作可以更好地保存，将著作送入寺院内，使得海上丝绸之路地区的寺院藏书不再仅限于收藏佛教，也出现了其他种类的书籍。私人书院在唐代时也开始出现在海上丝绸之路地区。其藏书在最初数量有限，只供本书院生员借阅，做教学之用。但由于东南沿海地区抄书和印书活动的发展，书院藏书逐年增多，并有很多学者为书院捐书供教育当地学子，海上丝绸之路地区的书院藏书事业开始发展。

宋朝建立后，海上丝绸之路地区的经济迎来了又一次腾飞，这一地区的藏书事业也随之快速发展，其既有对汉唐以来藏书事业的继承，同时在诸如目录学、图书版本学等学科及藏书理论上又有许多创新和建树，这为元、明、清三代藏书事业的发展奠定了可靠的基础。

北宋时，由于海上丝绸之路地区离汴京较远，所以官府藏书事业基本上是沉寂的，直到宋室南渡后，才在临安建立了官府藏书，由于北宋的官府藏书全部被金国掳之北去，南宋官府藏书基本上是在废墟上重建的，其藏书处所主要为秘书省和皇宫中的殿阁，经过南宋历代政府的努力和借助海上丝绸之路地区丰富的藏书量，南宋的官府藏书最终发展为6万卷，这对于海上丝绸之路地区的官府藏书来说是一个了不起的成就。在私人藏书方面，仅载于史籍上的私人藏书家就有上千人之多，更别说没有史料记载的藏书家。可以说宋代私人藏书家的数量和藏书量都是宋之前的各朝所不能比的。海上丝绸之路地区出现了许多影响后世的藏书楼，这些藏书楼深深影响着后世藏书楼的建造，如叶梦得的石林别馆和·书阁、赵明诚和李清照的归来堂、尤袤的遂初堂和陈挣孙的直斋等，其中直斋藏书有5万册之多，并多精善之本，甚至比当时南宋的官府藏书还要多。上述这些藏书楼在当时都是远近闻名的，其藏书楼建制也被后来的藏书家争相效仿，其中很多藏书楼底楼讲学楼上藏书，兼有学校的性质，为一方的教化做出了不小的贡献。可以说海上丝绸之路地区的私人藏书不论在藏书量、藏书种类还是在藏书楼修建等方面，在南宋时都有着前无古人的巨大发展。

北宋建立之初，宋太祖便给予佛教以适当的保护与支持，宋朝的历代皇帝都坚持这一政策，所以海上丝绸之路地区的佛寺修建、度僧、写经、造藏等活动都得到了政府不同程度的支持。这也使得这一地区的寺院藏书事业在两宋时代保持着一定的盛况，如福州的东禅寺和开元寺分别刻有《崇宁藏》和《毗卢藏》，平江府（今江苏苏州）刻有《碛砂藏》。这些南方系的佛教刻藏不仅丰富了寺院藏书，还刺激了海上丝绸之路地区内的刻藏热情，规范了藏书结构，对我国元以后的官私刻藏影响巨大。尤其是《碛砂藏》，在明代的官私刻藏中，发挥了巨大的作用。和从前不同的是，在两宋时期寺院的译经活动极为严肃，在译经之前要进行复杂的仪式，且寺院中极为重视梵文经书的收藏。

海上丝绸之路地区的书院藏书事业和其他三种藏书一样，有着不小的进步。据记载，我国古代书院藏书的管理制度就是在南宋时完善的，当时著名的理学家朱熹主持白鹿书院，设立了一系列的藏书制度，而这些制度很快在海上丝绸之路上的书院中推行开来，并绵延到以后的朝代。这一时期的海上丝绸之路地区的著名书院主要有丽泽书院、梁山书堂等，其不但藏书过万卷，还以藏书教授弟子，学院的建设更为成熟。

元灭南宋统一中国后，元朝将南宋的官府藏书全部运往大都，除设立在海上丝绸之路地区的各路、府、州、县的架阁库有少量藏书外，这一地区的官府藏书在有元一代逐渐衰落，不复南宋时的辉煌。在私人藏书方面，虽然宋元之间有过激烈的战争，但是不少故家大族，特别是在海上丝绸之路地区的一些门阀世族被元朝统治者利用来稳定当地的局势而免受炮火，这使得这些阀阅之家的藏书得以保存下来。所以海上丝绸之路地区的私人藏书事业在元代继续发展，私人藏书家的数量和所藏图书的数量有增无减。由于元朝也是一个扶持佛教的朝代，所以海上丝绸之路地区的佛教藏书也同样在发展壮大着，如杭州大普宁寺刻有《普宁藏》《元官藏》。这些刻藏延续了南宋时的南方系佛教刻藏的特点。元朝政府还补雕了《碛砂藏》，由此可以看出海上丝绸之路地区的寺院藏书没有因改朝换代而受到大的影响，依旧在有条不紊地发展着。书院藏书规模在元代进一步扩大，远远超过了宋代，在海上丝绸之路地区的书院也是如此，如浙江余杭的集虚书院，藏书数千卷。而且书院藏书楼的建设继续得到重视，不光是汉族为了保存传统文化做了不懈的努力，蒙古族的有识之士也为吸收汉族先进文明做了很大的贡献。与前朝相比，元代的书院开始官学化，全国各级书院受到朝廷礼部管理，这和我们今天的高校有类似之处。另外，元代书院的藏书借阅制度已比较完善，有专人管理图书，而且书院的刻书事业已经相当发达，所有书院都有刻书活动，且其传本已是宋代的数倍。可以说海上丝绸之路地区的藏书事业在元代有着辉煌的成就，为保存和传播中国传统文化起了非常积极的作用。

明代元兴，定都金陵（今江苏省南京市），全国的官府藏书中心来到了海上丝绸之路地区，在徐达攻破元都北京后，元朝所有的官府藏书尽数运往金陵，这使得明朝的官府藏书有了一个很高的起点。由于从明成祖后，明朝实行两京制，所以有明一代，海上丝绸之路地区的官府藏书的处所都比较完整，没有受到迁都的影响。该地区的主要官府藏书机构先后有大本堂、南京文渊阁、南京国子监等。著名的《永乐大典》一开始便存放在南京的文渊阁，后来因迁都而被运至北京的文渊阁。留在大本堂和南京文渊阁的藏书全部毁于明中期的一场大火，其中就有很多宋元时期的珍贵善本，这可以说是海上丝绸之路地区官府藏书的一大灾难，令人扼腕。

海上丝绸之路地区的私人藏书在明朝时迎来了巅峰，因为东南沿海地区经济发达、文化昌盛，使得私人藏书家数量激增，藏书楼的数量也大幅增加。如宋濂的青萝山房、叶盛的竹堂、吴宽的丛书堂、边贡的万卷楼等一大批为后人所熟知的藏书楼出现在海上丝绸之路地区，这其中最为著名的当属我国现存最古老的藏书楼——天一阁。天一阁为兵部右侍郎范钦修建，在图书管理制度和防火措施方面都是为后人所津津乐道的。中国古代的许多著名的藏书楼均毁于大火，连很多守卫森严的皇家藏书楼都未能幸免，可是天一阁自建阁以来，从未遭遇火灾，可见天一阁多么重视防火。后来清朝修建储藏《四库全书》的皇家藏书楼时就仿照了天一阁形制。由此可以看出海上丝绸之路地区的私人藏书事业在藏书楼的建造数量和建造技术上都有了很大的进步。

在明朝建立之初，由于朱元璋的佛教背景以及鉴于元朝崇奉藏传佛教的背景，汉传佛教得到扶持，藏传佛教逐渐退出中原地区，所以这一时期的海上丝绸之路地区的寺院基本上都是汉传佛教，其藏书也多为汉文版，寺院藏书也有了较大的发展，其中"明南藏"《永乐南藏》就是明代佛教官刻的杰出代表。海上丝绸之路地区在明代还有如在南京蒋山寺雕刻的《洪武南藏》、杭州据《碛砂藏》复刻的《杨家经坊藏》等刻藏，其中属于南方系的《杨家经坊藏》是出于商业目的的刻藏，这在我国尚属首例。明朝政府还对该地区的许多寺院有过赐书的活动，如镇江的甘露寺、金山寺，杭州的大昭庆律寺，扬州天宁寺等。可见，寺院藏书在海上丝绸之路地区的发展比之前朝一定有过之而无不及。明代，海上丝绸之路地区的书院藏书的发展就没有寺院藏书那般顺畅了，由于前期政府重视官学，非官办学校出身者不准应试，所以生员们纷纷进入官办书院，私人书院遭到冷落。但是，到了明朝中期，由于官学制度败坏和科举考试中腐败现象的滋生蔓延，一批有见地的士大夫纷纷兴办和创建书院。到了嘉靖以后，私人书院的数量大大超过了前代，其中海上丝绸之路地区的书院最多也最有名，如东林书院、敖文书院以及身处海南的大科书院等，都是明中后期书院的代表。需要说明的是，这一时期的书院不再以藏书为主，藏书数量较之宋代已大为减少，聚众讲学、传播各学派的思想成为明代书院的主要任务，已逐渐成为教育机构。所以，明代海上丝绸之路地区的书院藏书的变化是巨大的，其已开始轻藏书重教学了。

　　清朝，是我国历史上一个少数民族统治的朝代，由于清军由南向北一路烧杀抢掠，对华夏文明造成了极大的毁灭，各地区的藏书都或多或少地受到了兵灾。在统一中国之初，清朝无论是官府藏书还是私人藏书都不景气，直到20年后，藏书事业才逐渐恢复元气。清朝统治者在得到天下后，为了让知识分子从思想上归顺自己，采取了许多迎合知识分子的措施，使得包括海上丝绸之路地区在内的全国的藏书事业迎来了新的发展机遇。有清一代，官府藏书的发展达到了中国封建王朝的鼎盛时期，官府藏书楼也多不胜数，但大多集中在以北京为中心的北方地区，海上丝绸之路的官府藏书处所主要是乾隆为放置《四库全书》而仿照天一阁修建的扬州文汇阁、镇江文宗阁和杭州文澜阁，俗称南三阁。所以，海上丝绸之路地区的官府藏书在这一时期不温不火，没有特别大的发展。与官府藏书相比，海上丝绸之路地区的私人藏书事业发展呈现出了不同的发展，清朝实行严格的闭关锁国政策，除开放广州一个通商口岸外，在鸦片战争之前，清朝的东南沿海地区都处于封闭状态，海上丝绸之路基本荒废，但是这并不影响该地区私人藏书事业的空前发展，其中较为著名的藏书楼就有500多座，而这500多座藏书楼各有特点，所藏图书也是各有侧重，可见私人藏书事业之盛。也正是得益于江浙地区私人藏书家手中丰富的藏书种类和巨大的藏书量，《四库全书》的编纂工作才得以顺利进行。海上丝绸之路地区的寺院藏书也有一定的发展，如位于杭州的灵隐书藏在寺院藏书体系中正式建立文人专门藏书。其后嘉庆年间，焦山寺也仿灵隐寺建立了焦山书藏，其他如杭州的云栖寺、净慈寺等许多寺院都藏有清代皇帝的赐书。由此可以看出，海上丝绸之路地区的寺院藏书在清朝时有着巨大的发展，且有着新的特点。由于清朝大兴"文字狱"，严格控制汉族知识分子的思想和舆论，只在海上丝绸之路地区的省都设立有官办书院，如台湾、福建等地的书院中均有藏书楼出现，其余私人藏书院全部被禁止，这对于书院的发展是一个沉重的打击。至鸦片战争之前，海上丝绸之路地区的书院藏书事业一直在政府的控制中，发展相对其他藏书事业来说有些滞后。

第二节　近现代丝绸之路上的藏书事业的变迁

西方侵略者用鸦片战争正式敲开了中国封闭已久的大门，在清政府一次次地签订丧权辱国的条约后，四条已经沉寂了200多年的丝绸之路开始重现生机。中国开始进入近代历史，中国的藏书楼自此到五四运动前后时进入了它最后的辉煌年代。由于太平天国运动对南三阁藏书的破坏、英法联军对圆明园以及文渊阁《四库全书》的焚烧、英军对宁波天一阁善本的盗掠、外国探险家对敦煌遗书的大肆偷盗等许多对中国藏书事业史无前例的灾难，官府藏书逐渐衰落，因此，这一时期中国古代藏书楼的辉煌实际上是私人藏书的辉煌。

江浙地区在清末时还是私人藏书事业的中心，也是汉学最为兴盛的地区，各大藏书家、藏书楼也多处于此。但是江浙作为海上丝绸之路地区的沿海省份不仅多次遭到西方列强入侵，还因太平天国运动而变成了战场，各大著名藏书楼首当其冲，很多藏书在兵灾中被焚毁、遗失。自此，在旧式的生产关系开始解体、资本主义经济入侵的情形下，其他三条丝绸之路所在地区的经济有了很大的发展，自然促进了文化的发展，影响了藏书事业的发展，私人藏书中心也由位于海上丝绸之路的江浙地区向其他三条丝绸之路所在地区扩散。在这个过程中，沿袭了几千年的旧式藏书楼逐渐退出历史舞台，新型的藏书楼，即图书馆，开始占据社会主导地位，并有许多有识之士倡导藏书开放和西方图书馆办馆模式的新型藏书思想。我国近现代的著名思想家梁启超先生就是新型藏书楼的主要倡导者和推行者。

经过近代一系列新型藏书楼的实践和中国社会的剧变，在清末和民国时期，藏书体制的转变终于完成。四条丝绸之路地区都有新型藏书楼或图书馆产生，这其中包括政府创办的公共图书馆和全国各地建立起来的高等学校图书馆，也包括新型的私人藏书楼和基督教的教堂图书馆。下面就让我们来简单了解一下我国近现代史上四条丝绸之路所在地区的藏书事业的变迁。

西北丝绸之路地区的藏书事业

随着鸦片战争将中国尘封已久的国门打开,特别是在左宗棠率领的清军通过西北丝绸之路从沙皇俄国手中收复新疆后,西北丝绸之路重新焕发活力,中国和西方世界又开始通过这条路紧密联系在一起。西方的先进思想开始影响这一地区的人民,许多有识之士在吸收西方思想和学习西方科学技术后,在这一地区传播在当时看来是"离经叛道"的思想和文化,这也深深地影响和改变了西北丝绸之路地区的藏书事业。

1909年,恩寿于西安建立了陕西图书馆,附设于学务公所内。西安,这个西北丝绸之路的起点和中心,迎来了第一座公共图书馆。辛亥革命后,图书馆时停时办,并先后易名为陕西省立第一中山图书馆、陕西省立第一图书馆、陕西省立西京图书馆等。次年,甘肃省提学使陈增佑在兰州筹办图书馆,并于1916年正式开馆,定名为甘肃公立图书馆,这也是甘肃省的第一所公共图书馆,后改名为甘肃省立图书馆。在抗日战争期间,由于遭到日军轰炸,藏书大半被毁,甘肃省立图书馆不得不进入重建期。中华人民共和国成立后,与国立兰州图书馆合并,称为兰州人民图书馆。

民国时期，除新疆外，西北丝绸之路各地区陆续建立了公共图书馆或高等学校图书馆，各地图书馆的藏书有多有少，内容种类也丰富多彩，这为当地的民众了解世界打开了一扇窗户。抗日战争爆发后，日本侵略者在中国大地劫掠、焚毁图书典籍无数，很多图书馆被毁。由于西北丝绸之路地区地处西北，又有中国共产党和国民党军队的英勇抗战，这一地区的藏书事业相比较沦陷区来说损毁情况不是很大，并接收其他省市图书馆转移来的图书，其中陕西省立第一图书馆为宣传抗日，专门开设了抗日图书研究室，为抗日战争做出了巨大的贡献。在革命圣地延安，先后有延安中山图书馆、子州图书馆在毛主席等党政军领导人的支持下创办起来。

近现代的私人藏书楼也有了很大改变，新式藏书楼开始代替旧式藏书楼，藏书开放的思想成为流行趋势。西北丝绸之路地区的大私人藏书家以清末时的官员为主，其中原甘肃学政叶昌炽和他的五百经幢馆最为著名，他在甘肃为学政的四年中，跑遍甘肃各地，收集到大量的图书、佛经和碑刻等，藏书有3万卷之多，在图书之外，还藏有500经幢。这还是一个学政的藏书，更不要说其他封疆大吏和家境殷实的知识分子了。由此可以看出，当时西北丝绸之路地区的私人藏书事业之盛。

西北丝绸之路地区的寺院藏书在近现代并没有停止发展的脚步，前有道士王圆在清光绪年间于甘肃莫高窟发现藏经洞，获得大批弥足珍贵的写本和雕本古籍，其数量、价值、内容范围前所未有。但是这批珍贵的文物被斯坦因、伯希和等人先后盗走，流失海外，至今未归，可以说这是我国近现代寺院藏书的一次最大的浩劫。后有甘肃的拉卜就有楞寺、青海的塔尔寺等藏传佛教寺院藏有大量珍贵的佛经，其中拉卜楞寺就有藏经近13万卷，无论数量、质量还是品种，在当时的全国寺庙中都是屈指可数的。正是西北丝绸之路地区寺院藏书的蓬勃发展为我们后来研究藏族的政治、历史、宗教等方面提供了丰富而珍贵的史料，其寺庙和藏书更是中华民族文化的瑰宝。

随着封建制度的迅速瓦解，传统的书院制度在近现代时开始解体。光绪年间，朝廷下令改书院为学堂，省城设大学堂，各府设中学堂，各州县设小学堂，旧式的书院藏书也被各地新式的图书馆接收，西北丝绸之路地区的书院也不例外。到了民国时期，西北丝绸之路地区的各省市都设立了大学，大学图书馆比传统的书院藏书楼的开放面更广，所藏图书还包括各种文字的书籍，藏书不再限于经史子集，而是更加多样化。这也为教育出更多进步青年起了积极的推动作用，这其中就包括对马列主义在西北丝绸之路地区的传播提供了有利条件，在这片土地上孕育出了更多有理想有信念的无产阶级战士。

草原丝绸之路地区的藏书事业

在中国近现代的历史中，草原丝绸之路由于晋商而兴盛起来。"走西口"这样的商贸活动，使草原丝绸之路从沉睡中醒来，繁荣的经济活动也带动了文化事业的发展，草原丝绸之路的中心——归化城（今内蒙古自治区呼和浩特市）的文化事业进入发展的快车道。一点而带全面，草原丝绸之路地区的藏书事业也跟着发展起来。

1909年，归化城副都统三多在归化建立了归化图书馆，这也是当时绥远省的第一家图书馆，馆中藏书是从浙江的官书局调来的，仅有2000余册。辛亥革命爆发后，归化图书馆因政局动荡曾一度关闭。直到1925年初，在国民政府的资助下，在归化图书馆旧址上成立了绥远区立通俗图书馆。到了第二年，藏书已有900余册。此后，历经搬迁、更名、合并、日寇破坏等，归绥城的图书馆时兴时衰、为继艰难。由此可见当时草原丝绸之路地区的公共图书馆的发展是艰难的，但其对这一地区的教育事业的贡献确是不能被忽略的。正是因为这为数不多的图书为这一方水土上的人民提供了精神食粮，才使得草原丝绸之路地区在之后的抗日战争时期出现了那么多可歌可泣的英雄儿女。

由于草原丝绸之路地区在近现代依旧地广人稀，所以其私人藏书事业和书院藏书事业并没有大的发展。但是寺院藏书取得了巨大的进步，尤其是被称为召城的归化，大召小召等诸多藏传佛教寺庙从明清时期延续到民国时期，香火不断，经久不衰。其寺院中的藏书也是极为丰富的，不仅有政府不定期的赐经活动，还从西藏、青海等地传入许多藏传佛经，这也为草原丝绸之路地区的藏传佛经的传播起到了促进作用。

西南丝绸之路地区的藏书事业

西南丝绸之路地区在中国的近现代史有着浓墨重彩的一笔，尤其是抗日战争时期，其不但保护了全国各地运来的图书典籍，而且还是同盟国给予我们经济援助的重要通道，对我们取得抗日战争的胜利和中华文明的保护有着无可替代的贡献。

1909年，西南丝绸之路地区先后出现了在原昆明经正书院旧址上成立的云南图书馆和由广西有识之士捐款成立的广西图书馆等图书馆，由此，西南丝绸之路地区也开始出现新式的图书馆。由于西南地处中国腹地，战乱相对其他地区来说较少，这也使得西南丝绸之路地区的藏书事业取得了快速发展。根据1935年四川教育厅的调查统计，四川全省有图书馆138所，藏书共计93万册。

这还是抗日战争之前四川一省的数据,可见当时西南丝绸之路地区的藏书事业取得的成绩是斐然的。

随着抗日战争的爆发,西南丝绸之路地区这个中国的大后方随着国民党军队的节节败退,逐渐成了抗战的前线,其藏书事业也遭到了战争的危害。许多图书馆被敌机轰炸毁灭,藏书损失严重,如从南京中央大学图书馆内迁四川省的图书原有40万册,但是由于遭到了敌机的轰炸,到了1948年时已不足18万册,又如建立在大后方的由清华大学、北京大学等名校组成的西南联大在抗战期间中外藏书不到5万册,这很难满足教学科研的需求。可见这一地区内的其他图书馆及藏书也不同程度地遭到了损毁,图书馆活动大多停滞下来。但有的图书馆在抗日战争中没有被击倒,如中央图书馆在迁到重庆后,建立中央图书馆重庆分馆,坚持开展抗战期间的图书馆活动,不断深入沦陷区收集失散的图书,这使得馆中的藏书在战争中仍不断增加。值得一提的是,文澜阁《四库全书》为免遭日寇掠夺,夏定域先生和其同事历尽千辛,将《四库全书》先后在川、黔等地转移来躲避敌机轰炸。在抗战胜利前夕,他们将图书转移至重庆青木关,抗战胜利后,文澜阁《四库全书》被安全地运回浙江。正是西南丝绸之路的畅通,保障了《四库全书》的顺利转移,也使中华文明得以保全。抗战胜利后,当时因战争而迁往西南丝绸之路地区的图书馆相继迁回内地,这一地区被日寇炸毁的图书馆也开始重建工作,以贵州省为例,贵州省立图书馆迁回旧址后,开始募集图书,社会各界人士纷纷为图书馆捐赠图书，再加上当时内地图书馆留下来的一些图书副本，贵州省立图书馆也逐渐恢复起来。贵州大学接受了一些无主图书，开始开展大学图书馆馆藏活动和教育工作。可以说抗战时期的图书大迁移为日后西南丝绸之路地区的图书馆发展起到了推动作用，为保护中华文明和文化交流做出了重要贡献。

西南丝绸之路地区在近现代史上还有一点是值得大书特书的，那就是寺院藏书有了很大的发展，特别是在太平天国运动所过之处寺庙遭到严重破坏、日本侵略者对沦陷区内的佛教事业和寺院藏书事业带来了近乎毁灭性破坏的背景下，西南丝绸之路地区的寺院藏书得到了很好地保护。如四川的甘孜寺，藏书遍布各大殿堂内，并藏有全套的《甘珠尔》等藏传佛教典籍，这些藏书是这一地区寺院藏书发展的最好见证。又如西藏拉萨的色拉寺、布达拉宫等均藏有大量的佛教经典，在战争年代完好地保存下来。这些珍贵的历史资料和文物，对于研究西藏历史和佛教发展有着重要意义。

海上丝绸之路地区的藏书事业

海上丝绸之路地区的藏书事业在中国的近现代史是曲折的,也是辉煌的,由于海上丝绸之路的重新开通,东南沿海地区的经济实力与日俱增,很多城市发展成了国际化的大都市,如上海、广州等,外文图书进入中国、基督教教堂藏书的兴起以及新型图书馆的建立,更加丰富了图书馆的藏书种类和数量。但是,受太平天国运动和日本侵华战争的影响,海上丝绸之路中断,海上丝绸之路地区的图书馆活动也陷入瘫痪,许多珍贵的图书典籍或被日寇掠夺到日本或被焚毁,大多数图书馆和藏书楼毁于日寇的炮火之下,这也是近代史上中国藏书事业的最大浩劫。抗战胜利后,海上丝绸之路地区的藏书事业才有所恢复,但直至中华人民共和国成立时,也没有恢复到抗战前的水平。

20世纪最初的10年中,全国许多省市都建立了公共图书馆,海上丝绸之路地区的各省市也不例外,如浙江藏书楼、福建图书馆、由张之洞创办的广雅书局扩建而成的广州图书馆等,这些公共图书馆不论在藏书量还是在藏书种类方面,在国内都是首屈一指的。但作为海上丝绸之路地区中心的南京有着在全国实力最雄厚、影响最大的江南图书馆,其创始人是我国近代著名的藏书家，当时的江南图书馆监督缪荃孙先生。图书馆建立之初，以购得的浙江丁氏八千卷楼藏书为藏书基础，开始开展藏书活动，后又陆续购进了许多中外图书，并接受了清朝政府拨发的《古今图书集成》等，使江南图书馆的藏书日益丰富，在海上丝绸之路地区产生了很大的影响。民国时期，其改称为江苏省立第一图书馆。中华人民共和国成立后，该馆与南京图书馆合并。民国初期，南京高等师范学校图书馆成立，后改为东南大学图书馆、孟芳图书馆、中央大学图书馆等称呼，1949年正式命名为南京大学图书馆，这也是海上丝绸之路地区公立大学图书馆的典型代表。

第三章

大数据时代下图书馆事业与教育事业的发展

伴随着大数据时代的到来，科学技术每时每刻都在革新，新技术的运用更加频繁，包括中国人民在内的世界人民无时无刻不处在大数据时代的包裹之下，人们的生活因此有了翻天覆地的变化。而作为为我国培养新时代人才的教育事业，肩负着的重担可想而知，要想培养出更多可以服务于新时代的人才，教育事业就必须做出改变，而图书馆事业也必须随之加快数字化的步伐。

为了更好地研究和叙述教育事业在大数据时代冲击下的发展模式，笔者以图书馆人的独特视角，从图书馆在大数据时代下的巨大变化为切入点，深入分析图书馆数字化为教育带来了哪些变化。而下面我们就以传统图书馆模式下传统教育的特点和劣势说起，以便让读者对新时代教育有更深的了解。

第一节　传统图书馆背景下教育事业的
　　　　特点与劣势

传统图书馆，顾名思义，即以固有的思维模式去进行藏书、借阅、研究等图书馆活动。而在传统的图书馆活动占主导地位的情况下，传统教育也进行着其最后的辉煌。改革开放以后，我国不论在经济，还是在文化方面都取得了巨大的进步，用日新月异来形容中国的变化毫不夸张。而作为为文化教育提供智力支撑的图书馆事业，虽然取得了长足的发展，但是其传统的经营模式在数字化时代到来之前仍然是无可替代的，而在其影响之下的传统教育依旧一成不变地继续着培养新世纪人才的职责，并在数字化时代来临之前确实取得了令人瞩目的成绩。

但是，时代的车轮总是在快速地向前推进，如果不顺应时代的发展，故步自封，就很可能被时代的洪流卷走，被淘汰。在大数据时代到来之后，这一点在各行各业中越来越凸显，其中就包括教育事业。在传统的图书馆事业中，图书馆的活动为传统教育提供的帮助可以说是非常大的，其为传统教育的传播、发展提供了场所支持和物质支持，图书馆更像是教育事业的物质载体，在其中可以更深入地接受传统教育带来的精神盛宴。但是，传统图书馆事业的局限性也是非常明显的，这也是制约教育事业变革的一个重要原因。

传统图书馆背景下教育事业的特点

传统图书馆在进入21世纪后，面临着巨大的挑战，同样也获得了千载难逢的机遇。通过前两章的内容，我们也了解到了图书馆的发展历程。在21世纪之初，大多数图书馆依旧承袭着原有的服务模式，主要面对到馆的读者开展服务，服务对象也多为固定的读者群，如公共图书馆主要服务社会民众，高校图书馆主要服务高校师生，这使得传统图书馆呈现出独自发展的状态。在进入21世纪后，这样的发展状态显然不适合时代的需求，不适合信息互联互通、快速传递的需求。而其呈现出的各馆间各自为政、封闭式发展、围绕原始文献开展服务等特点。这些突出特点不能够满足社会和民众的需要，而在传统图书馆背景下的教育事业发展也因此受到了或多或少的制约。

教育事业的开展离不开图书馆的帮助，图书馆为教学的开展、知识的储备和师生的阅读需求等提供了极大的支持。在21世纪之前，以高校图书馆为主的各级学校图书馆为教育和培养人才提供了绝大部分的文献支持。通过笔者多年的研究发现，教育事业与图书馆之间存在着十分紧密的联系，并且图书馆在基础教育中扮演着重要的角色，阅读对于中小学生来说是增长见识、发挥潜能的重要手段，这对于培养出新世纪急缺的创新型人才具有重要意义。

教育事业在图书馆的影响下，呈现出了一些特点。而这些特点，在一定时期内确实为教育平衡发展、提高全民素质、缩小城乡教育差距等方面做出了积极的贡献。也正是由于图书馆在教学中举足轻重的作用，使得阅读成了教育事业中不可替代的一环。我们甚至可以说，图书馆是教育事业向上发展，特别是高校教育取得突破的基础。

一、教育事业在传统图书馆活动中的特点和取得的成就

在大数据时代到来之前，传统图书馆的管理和服务模式在绝大部分的高校和中小学校中基础相同。这也使得我国的教育事业在发展中呈现出的特点基本相同。尽管存在教育资源因地区的经济、人文等因素的制约而呈现出不对等的现象，但是其发展轨迹

基本上是一致的，只是有发展程度高低的区别。这种教育资源的不对等也与地区之间学校图书馆的规模与活动的频繁性有关。沿海发达地区学校图书馆的管理理念先进、馆藏丰富，就会促进这一地区教育事业更快地发展。反之，教育事业的发展就会相对迟缓。也正是基于图书馆活动中的一些特点，教育事业在发展中形成了一套稳步发展的体系，并具有鲜明的特征。

1.图书馆的质量与教育事业质量相关的特点

学校，尤其是高等学校，是培育高素质人才来服务社会的一个重要平台。在大数据时代来临之前，高等学校师生主要通过高校图书馆来获取文献资料，并且主要通过图书馆所藏的资料来进行科学研究。可以说，这一时期的教育事业呈现出图书馆强，则学校教育强，图书馆弱，则学校教育弱的特点。尽管高校的强弱还与师资力量、政府支持、科研经费等诸多因素有关，但这一特点在绝大多数的高校中都得到了验证。可见，没有一个好的图书馆就没有一个高品质的大学教育。

2.图书馆活动与中小学教学工作相互促进的特点

教育事业最重要的一个方面就是教学，而教学的开展又离不开图书馆的帮助。因此，在传统图书馆模式的影响下，教学工作呈现出围绕图书馆馆藏图书开展的特点。而图书馆也根据学校教育工作的需要而完善图书馆的馆藏，并升级图书馆的服务，这一特点尤其在中小学的图书馆建设中最为明显。自20世纪90年代以来，我国提出素质教育的发展战略从中小学开始，从而达到培养出更多可以建设现代化中国的高素质人才。而在素质教育如火如荼开展的过程中，图书馆承担起了更加重要的作用，这也影响了素质教育工作的发展方向。在此背景之下，学校图书馆以为师生提供与各学科课程有关的文献资料为重点建设方向，这也大大提高了教学工作的水平，减少了闭门造车的教学现象。教学工作与图书馆不断引进的新的教学图书资料相结合，也使得教学工作有了新的发展方向，既扩展和巩固了学生学习到的知识，也使得老师的教学工作得到完善，同时使得学校图书馆的服务质量得到提升，并且学校图书馆在这一时期有了一套固定的发展模式。也正是由于图书馆和教学工作之间的相互促进，才使得我国的素质教育获得了有力的支持，学生得到了全面发展。

3. 高校图书馆与高校教育事业相互依托的特点

高校图书馆与高校教育事业直接的联系则更加紧密。在高等院校中，不仅图书馆的规模和馆藏数量是中小学图书馆无法企及的，而且在文献资源的利用上，高校图书馆的馆藏利用率要明显高于中小学图书馆。这种紧密性，在大数据时代到来之前，表现得更加明显，可以说是相互依托发展的。因为高校学生在学校学习期间具备了更高的自主性，所以图书馆丰富的文献资料为学生们的自主学习提供了广阔的空间，高校图书馆也以师生的需求来完善馆藏的种类和数量，从而最大限度地服务高校教育事业。不仅如此，高校图书馆也为高校的科学研究提供着最大的力量，许多科研成果的文献依据就是从高校图书馆中得到的。所以，在这一时期里，可以很容易地观察到一个现象：能够培养出许多优秀人才并产生许多优秀科研成果的重点院校，其图书馆的规模、服务和馆藏在全国都处在前列。所以，高校的教育事业要想取得较大的进步，图书馆的建设是必要条件之一。

4. 图书馆馆藏建设与教育事业发展同步的特点

图书馆的馆藏建设不论在哪一个时期都是图书馆活动中的重中之重，馆藏是否丰富可以说是图书馆能否发挥其应有作用的根本因素。而教育事业要想快速发展，跟上时代的步伐，为社会培养出更多时代需要的人才，也离不开图书馆馆藏的规模和更新速度，一个地区图书馆馆藏规模的大小和更新速度也取决于这一地区教育事业的发达程度，呈现出图书馆馆藏建设与教育事业同步发展的特点。这一特点在大数据时代到来以前是极为明显的，如东部发达地区，由于地区内的学校图书馆经费充足、管理制度先进、馆藏丰富且更新速度快，使得老师和学生可以第一时间接触到先进的教育理念和学习方法，也可以更好地开阔眼界，这使得这些地区的教育事业在教师的教学工作和学生的学习能力方面都有了质的提升，这种快节奏的同步发展，促使学校图书馆和教学事业都走在了全国的前列，这从每年高校人才的培养数量和质量上可见一斑。而在西部地区，由于经济、地理位置等因素的制约，学校图书馆馆藏虽然得到不同程度的重视，但相对于东部发达地区来说，在馆藏规模和文献资料的更新上有着相当大的差距。其整体教育水平也落后于东部发达地区，往往东部发达地区已更换了先进的教学理念，但西北地区的教育工作仍然延续着落后的教学办法，这使得西北地区的学生不能及时地得到先进的学习方法，在眼界方面就更加落后了，这一定程度上也是陈旧的图书馆馆藏造成的。反过来，地区内教育事业落后所造成的自我认识不足又使得学校图书馆面临更加困难的局面，从而造成图书馆馆藏的发展和教育事业发展都很滞后。在大数据时代到来之前，这一特点所造成的后果还不太严重，但是在信息传递速度如此之快的今天，这一特点成为制约西部教育事业和图书馆馆藏发展以及新时代人才培养的最重要的原因之一。

5．教育事业在传统图书馆活动中取得的成就

进入21世纪以来，虽然在传统图书馆活动的影响下，传统的教育模式开始呈现出后继无力的态势，转型升级也势在必行。但是不可否认，教育事业在20世纪八九十年代所取得的成就是辉煌的，这辉煌的成就离不开传统图书馆的鼎力相助。

自中华人民共和国成立以来，大部分的学校图书馆都是公立学校建立的，其发展模式也秉承了党和政府对教育工作的一贯政策。而教育体系也逐渐形成了基础教育、中等职业技术教育、高等教育和成人教育四个部分，并在包括党和国家的教育政策、图书馆建设等诸多因素的帮助下，逐渐完善。在这种不断完善发展的过程中，学校图书馆的发展取得了一系列令人瞩目的成就。

第一，教育机会实现公平。中华人民共和国成立以后，特别是在九年义务教育以国家法律的形式确定下来以及素质教育政策

实施以来，教育不再是奢侈品，使适龄青少年都得到了接受教育的机会。不论阶级、出生、贫富都可以得到公平的教育机会，这一成就在全世界范围内得到了一致肯定。而作为学校图书馆，致力于学生都可以阅读到自己需要的书籍，为教育公平起到了促进作用，也为社会培养出了更多可用之才。

第二，对外文化影响力增强。文化繁荣是一个国家是否强盛的重要考量之一，也是一个国家软实力的体现。在改革开放以后，对外教育作为文化输出的一个重要方面，其中最著名的当属在全世界许多国家建立的孔子学院，而孔子学院中的图书馆就藏有许多中国的经典图书，包括《论语》、四大名著以及现当代中国的文学作品和汉语教材等。这也为世界认识中国提供了最便捷的通道，通过教育和图书馆让更多对中国文化感兴趣的人有了不出"国门"亦可了解中国的机会。与此同时，在教育对外交流的过程中，广泛地与国外学者进行学术交流，扩大了中国文化的影响力，吸取了国外的先进理念，这反过来又促进了我国教育事业的改革和发展，也得到了各国人民的广泛好评。由此可见，对外文化影响力的增加得益于改革开放以来在传统图书馆活动中的教育事业经验和一套走出去的理念。

第三，走出了一条中国特色社会主义教育发展的道路。正是基于我党优越的政治理念和执政基础，在坚持走中国特色社会主义道路的大背景下，这也是教育事业依托的图书馆开展活动的先决条件。有了这一制度优势和理论优势，改革开放以后，我国的教育事业与时俱进地进行了教育体制、办学管理等方面的一系列改革措施，这也为社会主义现代化建设提供了源源不断的人才资源。于此同时，学校图书馆也在中国特色社会主义理论体系的指导下，花大力气建立社会主义文献专藏，更好地为建设社会主义经济、文化等各个方面服务。基于这些改革措施，我国的教育事业也形成了全方位、多领域的中国特色社会主义教育体系，使得教育事业更有力地融入了社会主义建设中来，在传统图书馆中社会主义文献专藏的帮助下，走出了一条适合中国国情的发展道路。

在互联网兴起和大数据时代到来之前，传统图书馆活动为教育事业的稳步迈进做出了巨大的贡献，虽然其在进入21世纪以来或多或少制约了教育事业更快速地发展，也越来越不能满足教育工作的需要。但我们不可否认，传统图书馆与教育事业曾经是紧密联系在一起的，教育事业取得的一系列的辉煌成就也有传统图书馆不少的功劳。就算在信息传播如此发达的今天，传统图书馆模式仍在一些地区继续发挥着重要的作用，帮助着这些地区的教育事业向前发展。总有一天，传统的图书馆活动会消失在人们的视野中，但是其曾经的成就必将被我们铭记。

二、教育事业在传统图书馆活动中的劣势

尽管，教育事业在传统图书馆模式中取得了巨大的辉煌，也培养出了大量的人才。但是在进入21世纪以来，特别是在互联网技术极度普及和大数据时代到来之后，传统图书馆已经不能帮助教育事业快速发展了，凸显出后继无力的问题。并且，传统图书馆在一定程度上制约了教育事业的改革和发展，使得我国的一些高科技和创新技术领域出现了人才断层的现象。虽然从表面上看，传统图书馆和这一现象没有多大的关系，但是，我们追根溯源后发现，要想培养出更多具有创新思维和高新技术的人才，就要从传统图书馆改革和教育事业改革入手。

究其根本，是传统图书馆模式下的教育事业不能适应这个新时代的人才培养要求。创新作为21世纪以来的主题词，在互联网技术普及以后变得越来越重要，不断出现在党和政府的各项文件中，这说明培养创新型人才是我们现如今的教育事业应该重视的主要内容。而以往一成不变的授课模式和以分数来评价一个学生优劣的模式显然需要做出改变，怎样让学生接触到更多最新、最实用的文献资料和思维模式，培养学生的创新思维能力，是我们当今教育事业应该思考的问题。而在思考之前，我们需要分析一下教育事业在传统图书馆模式下的一些劣势，这样我们才能找准切入点，对症下药解决问题。

1.教育资源缺乏交流与共享

21世纪以前，在传统的图书馆模式下，馆藏资源主要依靠学校图书馆采买、招标，资源数据化、共享化只有极个别的高校图书馆开始研究和试验，信息交换不畅通、图书馆经费有限、图书资源更新速度慢等因素使得师生在利用图书馆开展教学工作和学习知识时遇到了瓶颈，教育事业的发展也因此受到了影响。这表现为教育资源缺乏交流与共享，先进的教学理念和教学方法不能及时地传到落后的地区，往往一些教育发达的省份已经更换了教学办法，创新了教学思维，一些教育滞后的地区还在沿用十几年前的教学经验，教师仍然处在固有的教学思维中。这样教育发达的地区与教育滞后的地区的差距会越来越大，培养出的人才的素质差距也可想而知了。

而在向社会输送优秀人才之前，如果把整个教育事业比作打磨一块玉石，基础教育就是挖掘璞玉的阶段，高等教育就是打磨不同品质玉石的过程，而打磨出的玉石有优有劣，这就是最终走向社会人才的优劣之分。由此可见，基础教育在培养人才的过程中占据着重要的位置。而为更好地使地区之间基础教育的差距缩小，教育资源的相互交流与共享必不可少。尤其是对中西部地区来说，虽然政府财政对中西部地区的教育经费支出逐年增加，但中西部地区幅员辽阔，分摊到地方上，教育经费仍然有较大的缺口，并且城乡之间的公办教育资源配置很不平衡，这些因素都导致了中西部地区教育资源落后局面的出现，更别提追上东部教育发达地区了。为了解决这一问题，东部地区与中西部地区教育资源定期交流和共享，甚至是教育资源互换就变得尤为重要。如果在互联网技术还不发达的从前，要实现这一目标很困难，但是随着互联网技术被广泛应用于教学工作中，先进的教育理念和教育资源利用互联网和多媒体技术大规模地涌入中西部地区的中小学课堂，以名师授课等为代表，教育资源共享更多地出现在互联网平台中，著名的教师不用到其他城市就可以通过互联网为其他城市的老师和学生答疑解惑。所以，通过利用互联网技术，教育资源的广泛交流与共享为缩小地区间教育水平差距提供了可能。

在打磨璞玉的高校中，这种教育水平的差距虽不明显，但也应该引起我们的重视。现如今，虽然教育工作开始转变培养人才的模式，但是考试分数仍然是考量一个人才优秀与否的主要指标。尽管如此，我们仍然可以预见，培养创新型人才会逐渐成为高校的主要工作任务。一些著名的高校，走在了其他高校前头。它们以先进的图书馆技术为依托，将图书资源数字化，与国内外的许多高校共享数字图书资源，从而使学生能够接触到更多先进的思维理念和科学理论。久而久之，创新型思维模式就会成为高校学生的学习思维。这样，就能实现弥补我国现阶段存在的高科技人才断层现象。所以，解决教育资源的交流和共享问题，是图书馆转型和教育事业改革的重中之重，而互联网技术的普及和大数据时代的到来为解决这一问题提供了先机。

2.高校的科研与教学工作相互制约

在高等学校中，目前仍然存在一个普遍的想象：搞科研的教师兼顾着教学工作。在互联网技术普及之前，这一现象可以说是制约高校发展的一个重要因素。

高校图书馆不论在科研领域还是教学领域都扮演着重要的角

色。前文有述，高校图书馆与高校教育工作是紧密相连的。传统的高校图书馆在互联网技术普及之前兼顾科研工作和教学工作是十分吃力的。文献资源紧缺，科研和教学有时因在同一时间需要相同的文献资料而不能同时开展工作，相互掣肘的现象时有发生。究其原因，是因为传统图书馆中的文献资料多为治本，且文献备份不足。这又反过来严重制约了高校的人才培养和科研工作，这也是在世纪之交的阶段，许多高校的科研工作和教学工作都不能快速提升的原因之一。在这种进退维谷的局面下，互联网技术的普及和图书馆文献数字化的大背景下，解决这一困扰中国大多数高校的问题迎来了最佳时机。图书馆文献资源的数字化使得这种制约不再存在，教学工作和科研工作可以同时开展，并且学生利用文献资源的途径更加便捷，文献的利用率大大提升。这也为高校可以使部分教师专注于教学，部分教授专注于研究。教师不再"一心二用"，教学质量得到提高，学生质量也得到快速提升，人才培养和科研工作更加富有成效。

3. 培养的人才创造力明显不足

以前，传统图书馆活动在为高校科研和教学工作提供文献资料占主导地位的时代，大多数高校培养的人才一直给人一种创造力不足的印象。这种印象是许多因素造成的，过分依赖于书本理论知识就是造成这一问题的重要原因。如一些非重点院校，由于经费短缺、图书馆管理落后等问题，许多馆藏图书所含理论知识早已跟不上时代的步伐，更别提将这些理论知识与实践生活相结合了。在旧有的图书馆管理体制和教育体制下，怎么可能取得更高的考试成绩成为学生和老师主要思考的问题，所以使得图书馆中的大量纸质馆藏都是关于如何应付考试的，缺少对知识世界的认知、理解和创新思维培养方面的书籍，这就必然导致高校培养出的人才创造力不足了。

这种只重视书本知识而忽略实践操作的教学方式严重损害了学生的创造力，使他们在进入社会后只会根据书本上的知识和理论或前辈留下的固有经验去开展工作，很难对工作进行创造性地改进，不懂得变通，在实践阶段往往很难下手。根据科学研究发现，刚进入学校的学生学习和动手能力都很强，但没有创新型的思维模式，很少有学生可以在科学领域有突破性的研究成果，且大部分学生一旦遇到一个全新的领域或偏离计划的事件急需处理时，就会全然无措。这就是在大数据时代之前我国教育事业的一个很严重的问题，也是我国社会缺乏自主创新成果的根本原因。

那么我们该如何来解决这一棘手且时间紧迫的问题呢？在这个新的时代中，互联网技术的普及和大数据的出现，为我们解决这一问题提供了可能性。在教育事业的全面改革中，我们可以鼓励学生通过互联网更快、更全面地接触世界范围内最新的资讯和研究成果，改变传统教育中给学生的固定学习思想，将培养创新型思维模式作为今后教育事业的主要目标来抓，为学生千方百计地提供各种机会，增加学生与社会的接触。尤其是高校教师可以鼓励并引导学生提出各种各样匪夷所思、稀奇古怪的想法，并通过实践来增加学生的思维广度，使学生不再将"一切皆有可能"当成一句口号。这种教育形态也与前些年提出的素养教育有许多相似之处，借助互联网技术，也可以让素养教育真正地落到实处，成为教育事业的下一个发展方向。

4.人才素质过分"偏科"

我国高校众多，每一所大学都有自己的发展方向，如财经大学主要为社会培养金融类人才、农业大学主要培养与农林牧业相关的高技术人才。但在这个全球化的时代中，互联网技术等新兴科技引领的新一轮技术变革开始颠覆整个传统社会。而作为全球经济中不可或缺的一环，中国自改革开放以来，各方面经过一段时间的高速发展，进入了一个新的发展阶段。在这个机遇与挑战并存的时代，19世纪以来以培养专业化人才为目标的大学教育体系遇到了越来越严峻的挑战。因此，高校教育需要做出改变，"专才"培养需要向"全才"培养转变，也同时需要我们的高校图书馆在馆藏配比、图书招投标上不要过分"偏科"，应该为高校学生的全面发展提供助力。各高校应该根据自己的优势，转变观念，更好地满足社会对全面人才的需求，这是高校在新时代中可以跟上时代步伐的根本所在。

然而，培养专业化人才是我国高校一直以来奉行的人才培养目标，要想短时间内改变也是不现实的事情。在引导高校改革的同时，我们也要改变社会对人才素质的认识。在变化速度飞快的社会环境中，学生在大学里受到的专业化教育程度越高，毕业之后在社会中调整和转化的余地就越小。我国传统教育中有"重道不重术"的传统，但在今天的高校中，这种传统被摒弃了，专业技术成为高校培养人才的重要基础，不是说专业技术在人才培养中不重要，而是现今社会更需要全面发展的"全才"，所以我们也要将"重道"重新拾起来。

高校教育在致力于跟上时代发展步伐和培养出更多"全才"的同时，也要着眼于未来，不能被动应付瞬息万变的世界。这就意味着高校师生不能再依靠已有的知识理论去解决出现的科研和教学问题，而是要根据新出现的变化和情况，通过合作和协调，全方位地思考问题，这样才能应对新的变化。要达到这一程度，高校图书馆必须负担起为高校教育提供丰富资料储备的重任，并要通过互联网技术，向高校师生提供了解最新科研成果和理论的平台。这样才能使高校教育改变以往培养专业化人才的教育模式，转而培养学生的创造力和合作精神，让学生可以理解和包容不同的文化和价值观，最终形成以提高学生发现问题、提出问题和解决问题的能力为主要目标的教育模式。

5．办学和管理理念滞后

能否培养出时代和国家需要的人才，高校的办学和管理理念也是至关重要的一个因素。先进的办学理念可以起到事半功倍的效果，事实也证明如此，我国的一些名校之所以被誉为"人才培养基地"，与其在保留自身特色的基础上大胆、积极地学习国外先进的办学和管理理念是分不开的。这与高校图书馆办馆和管理理念的转变是一致的，二者可以说是起着相互促进、相互进步的作用。但是，在这个发展速度极快的大数据时代中，许多高校仍然秉承着传统的办学和管理理念，未能与时代对接，这就导致高校教育事业发展出现滞后的现象。

追本溯源，我们不难发现，许多高校出现办学和管理理念落后与固有的办学思想是分不开的，如许多高校对自己的定位很不准，急功近利的思想严重，甚至出现不顾自身的办学条件和经费状况，盲目跟风，一味追求"高大上"的办学效果，结果只能是南辕北辙，没有达到既定的效果，还浪费了大量的人力和财力。而且，传统高校图书馆在帮助高校转变办学和管理理念上也没有起到积极的作用，还是按照以往图书馆的管理模式在运作，使得新的思想和理念不能有效融入高校的教育事业中。

为了更好地说明这一问题，我们以高校校训雷同这一现象为例证。在高校中，校训是一所高校办学理念的直接体现。但是我们在查看众多高校的校训时，可以很轻易地发现，许多高校的校训都是一样的，"求实""创新""厚德""博学""勤奋"之类的口号几乎成了每所高校必备的校训词汇，这即显示出我教育工作者对学生的期望同质化，也反映出办学和管理理念的雷同。这种校训的雷同性最终反映出了教育者与教育管理者思维的僵化与滞后，是高等学校办学和管理理念滞后的直接印证。面对这一棘手的问题，我们也无须紧张，看看我们的高等教育取得的巨大成就，我们有理由相信在这个机遇与挑战并存的大时代中，我国

的高校教育事业会顺利完成它的蜕变

　　自改革开放以来，我国的教育事业取得了夺目的成就，同时也出现了许多亟须解决的问题。尤其是从进入这个崭新的时代开始，随着互联网技术的普及和大数据时代的到来，我们的教育事业和图书馆事业不能再满足于以往的成果，而是要坚定不移地将改革进行到底，在改革中求生存、求发展。将教育事业与图书馆事业的改革同时进行，使得图书馆活动可以为新时期的教育事业添砖加瓦，再建新功。

第二节 互联网技术和大数据技术推进图书馆事业变革

在互联网技术普及和大数据时代到来之后，图书馆事业借助先进的理念和技术迎来了变革的良机。不论是面对社会图书馆还是高校图书馆，互联网技术的广泛应用和"互联网+"理念的产生，都为破除图书馆在发展中遇到的局限与困境提供了极广阔的空间和可能性。那我们该如何运用好互联网技术呢？我们要树立以人为本的服务理念，通过互联网技术充分挖掘用户的习惯、喜好以及资源数据，并加强与其他图书馆的资源共享，为所有图书馆用户提供个性化的优质服务。

目前，"大数据"已成为我们这个时代的标志，在互联网技术广泛普及的今天，"大数据"深入我们生活的每一个角落就不足为奇了。尤其是作为提供智力支撑的图书馆，文献资源的数字化程度、图书馆服务的人性化程度、图书馆设备中互联网技术的应用程度都是图书馆变革的关键所在。不仅如此，在庞大的文献数据的管理方面，仍然是图书馆人需要重点思考的方向，我们不仅要大胆地应用新技术、吸取新思想，还要懂得在文献资料数字化后怎么将"大数据"更便捷地提供给用户。那么，为了更好地说明互联网技术和大数据该如何推进图书馆事业变革，我们就先从介绍互联网技术和大数据技术开始。

互联网技术和大数据技术

一、互联网技术和"互联网+"

1.互联网技术

我们身处于互联网时代中，有必要了解一下什么是互联网技术和"互联网+"。互联网技术，就是我们常说的IT，是指在计算机技术的基础上开发建立的一种信息技术。而互联网技术的普遍应用，标志着一个社会进入信息化社会。互联网技术也不是一成不变的，随着用户越来越多、越来越多样化的需求，技术更新就变得越来越重要。这意味着需要将软件升级到更快、更直观的现有平台版本。同时，也需要考虑硬件设备的升级，因为当不同硬件能够更好地提供功能、显著提升性能或获得更高的可靠性时，可以考虑在升级软件的同时升级硬件。

互联网技术的概念也经常让人分不清楚。一会儿，互联网技术指主机和网络，一会儿又指软件。其实互联网技术主要针对的是计算机、互联网以及通讯等领域，而这些领域遍布我们的生活，所以感觉互联网技术应用到了我们生活的方方面面。

互联网技术的范围有三层：第一层就是我们常说的硬件，主要指数据存储、处理和传输的主机和网络通信设备；第二层是软件，包括可用来搜集、存储、检索、分析、应用、评估信息的各种软件，它包括商用管理软件、工作管理软件、辅助分析的数据仓库和数据挖掘软件等；第三层是应用，指搜集、存储、检索、分析、应用、评估使用各种信息，包括应用许多专业软件直接辅助决策，也包括利用其他决策分析模型或借助数据仓库和数据挖掘等技术手段来进一步提高分析的质量，辅助决策者做决策。

也有一部分人将互联网技术的前两层合二为一，即将硬件和软件技术结合起来，统指信息的存储、处理和传输，后者则为信息的应用；还有一部分人把后两层合二为一，即硬件技术为单独的一部分，软件和应用技术集合起来作为一部分。从前，应用技术并没有得到人们足够的重视，但只有当信息得到有效应用时，互联网技术才能得到充分发挥，也才能真正实现信息化社会的目标。然而，信息化本身不是目标，它只是在当前时代背景下一种实现目标的好的手段，信息技术本身只是一种工具，可以帮我们真正地进入信息化社会。

2."互联网+"

"互联网+"理念在易观第五届移动互联网博览会上首次被提出。在这次博览会上，易观国际董事长兼首席执行官于扬首次提出了"互联网+"理念，他表示："在未来，'互联网+'公式应该是我们所在行业的产品和服务，在与我们未来看到的多屏全网跨平台用户场景结合之后产生的一种化学公式。未来的生活是希望在多屏的环境中随时随地地用到应用技术，而这样的服务会以一个'互联网+'的公式存在，从而重新改造和创造我们今天所有的产品，才能真正地转型，创造新的局面。"

2014年11月，李克强出席首届世界互联网大会时指出，互联网是大众创业、万众创新的新工具。2015年3月，全国两会上，李克强总理在政府工作报告中首次提出"互联网+"行动计划。还是在此次会议上，全国人大代表马化腾提交了《关于以"互联网+"为驱动，推进我国经济社会创新发展的建议》的议案，表达了对经济社会创新的建议和看法。他呼吁，需要持续以"互联网+"为驱动，鼓励产业创新、促进跨界融合、惠及社会民生，推动我国经济和社会的创新发展。

2015年7月4日，经李克强总理签批，国务院日前印发《关于积极推进"互联网+"行动的指导意见》，这是推动互联网由消费领域向生产领域拓展，加速提升产业发展水平，增强各行业创新能力，构筑经济社会发展新优势和新动能的重要举措。

在从业内专业人员提出"互联网+"概念到"互联网+"上升为国家的政策举措，时间很短，可以看出，"互联网+"代表了一种新的经济形态，是知识社会创新2.0推动下的互联网形态演进及其催生的经济社会发展新形态。它指的是依托互联网信息技术实现互联网与传统产业的联合。通俗地说，"互联网+"就是"互联网+各个传统行业"，但这并不是简单的两者相加，而是通过将开放、平等、互动等网络特性在传统产业的运用，通过大数据的分析与整合，试图理清供求关系，通过改造传统产业的生产方式、产业结构等内容，来增强经济发展动力，提升效益，从而促进国民经济健康有序发展。"互联网+"的目的在于充分发挥互联网的优势，将互联网与传统产业深度融合，以产业升级提升经济生产力，最后实现社会财富的增加。可以说，"互联网+"是互联网思维的进一步实践成果，其推动经济形态不断地发展演变，从而赋予实体经济新的生命力，为改革、创新、发展提供广阔的网络平台。其中，创新是关键，只有创新才能让这个"+"真正有价值、有意义。

通过"互联网+"两年多的实践，出现了六大特征。一是跨界融合。"+"就是跨界，就是转型升级，就是开放，就是重塑和融合。只有敢于去跨界，创新的基础才会更坚实。融合协同了，群体智能才会实现，从研发到产业化的路径才会更顺畅。二是创新驱动。中国粗放的资源驱动型增长方式早就难以为继了，党和政府也认识到了这一点，提出了"供给侧"改革。我国经济必须转变到创新驱动发展这条正确的道路上来。这也是互联网的特质，用所谓的互联网思维来求变、自我革命，更能发挥创新的力量。三是重塑结构。信息革命、全球化、互联网产业已打破了原有的社会结构、经济结构、地缘结构、文化结构。四是尊重人性。人性光辉是推动科技进步、经济增长、社会进步、文化繁荣的最根本的力量，互联网的力量之强大最根本地也来源于对人性的最大限度的尊重和对人的创造性的重视。五是开放生态。关于"互联网+"，生态是非常重要的特征，而生态的本身就是开放的。在推进"互联网+"计划时，其中一个重要的方向就是要把过去制约创新的环节去掉，让创业者和努力者有机会实现价值。六是连接一切。连接是有层次的，可连接性是有差异的，连接的价值是相差很大的，但是连接一切是"互联网+"的目标。

　　对于图书馆事业和教育事业来说，互联网技术和"互联网+"就是其破旧出新，转型升级的重要工具。对于"互联网+教育"来说，用户只需要一个网络、一部移动终端，学校任你挑，老师由你选，可以足不出户在家上课学习。同样对于"互联网+图书馆"来说，用户不再局限于只能阅读到所在城市图书馆的图书，通过互联网，不出家门就可以阅读到世界范围内的电子文献资料。我们可以总结出：从前的教育以书本和教材为核心，图书馆以馆藏纸质书籍为核心，而如今，图书馆事业和教育都以用户为核心，这才是社会文明进步的必然成果。

二、大数据技术

自2009年起,大数据一词才逐渐被人们所熟知,尽管它早在1980年就由著名的未来学家阿尔文·托夫勒首先提出。但是在20世纪80年代,互联网还没有如今这样普及,互联网数据也远不如今天这般庞大,所以当时大数据的概念有些超前,还不能被人们重视。但随着社会高速发展,科技越来越发达,信息流通得更加广泛,人们之间的交流越来越密切,互联网技术普及程度越来越高,互联网上的数据量每两年便会翻一番。从目前世界上大部分的数据是最近几年才产生的这一点也可以看出,大数据时代真得来临了。

那么,什么是大数据呢?大数据是指以多元形式,自许多来源搜集而来的庞大数据组,往往具有实时性。大数据因此具有四个特征:一是数据量大,其起始量计量单位至少是P;二是数据的类型繁多,包括音频、视频、图片等;三是数据价值密度相对较低,信息海量,但数据的纯度较低,怎样快速提取有价值的数据仍是大数据时代亟待解决的难题;四是处理速度快,时效性要求高。

伴随着云计算技术被广泛应运到各个领域,大数据与云计算建立起了密不可分的关系。从技术上看,大数据必然无法用单台的计算机进行处理,必须采用分布式计算架构。它的特色在于对海量数据的挖掘，但它必须依托云计算的分布式处理、分布式数据库、云存储或虚拟化技术。大数据通常用来形容一个公司创造的大量非结构化和半结构化数据，这些数据在下载到关系型数据库用于分析时会花费过多时间和金钱。大数据就是互联网发展到现今阶段的一种表象或特征而已，在以云计算为代表的技术创新大幕的衬托下，这些原本很难收集和使用的数据开始较容易地被利用起来了，通过各行各业的不断创新，大数据会逐步为人类创造更多的价值。大数据并不在数据到底有多"大"，而在于数据的"价值"。价值含量、挖掘成本比数量更为重要。对于图书馆事业而言，利用和管理好这些大规模数据是图书馆在新时代中发展的关键。

大数据技术将为图书馆事业带来颠覆性的发展，其成果必将是从前的时代无法比拟的。但是，我们也要清楚地认识到大数据的核心在于为客户挖掘数据中蕴藏的价值。因此，"大数据"技术在图书馆事业发展中的巨大意义并不代表其能解决一切图书馆事业发展所遇到的问题，图书馆事业的发展不能迷信这些海量的数据。简而言之，从各种类型的数据中，快速获得有价值信息的能力，就是大数据技术。

图书馆事业借助互联网技术和大数据技术迎来新机遇

进入大数据时代后,图书馆事业迎来了变革的良机。大部分图书馆也积极转型升级,以适应大数据背景下对图书馆的时代需求。以互联网和大数据作为技术支撑,图书馆自身的服务水平和服务质量有了大幅度的提升。目前,大数据已经成为图书管事业发展过程中的核心内容,并在实践的过程中取得了一系列成果,为未来图书馆的发展打好了基础,并为今后的发展方向提供了重要参考。

前文有述,大数据技术最终的目标就是快速挖掘出有价值的内容,即所谓的"内容为王"。而这一点对图书馆事业文献资料的数字化,进而完成从内容数字化发展到内容数据化再到服务数字化最后发展到数据化服务有着重要的意义。怎样实现大数据处理的目标,是图书馆事业近年来一直探索的重要内容。也正是基于图书馆中大量的文献资源数据、用户数据等庞大的数据,图书馆事业才能从容地应用大数据技术来实现服务的创新。

一、中小型图书馆在大数据时代中的发展机遇

1.中小型图书馆的经费投入压力得到减轻

对于中小型图书馆来说，经费短缺一直是制约其发展的最大因素。虽然，党和政府在中小型图书馆建设的经费投入上逐年增加，但依然满足不了人民对图书馆的更高要求，这样使得许多中小型图书馆出现了服务理念落后、馆藏资源不足等问题。大数据时代的到来，为这一困扰中小型图书馆多年的问题带来了"良方"。

随着数字图书馆建设日趋成熟以及其规模的不断壮大，越来越多的中小型图书馆开始在文献资源数字化方面做文章，对数字资源建设的重视程度和经费投入也与日俱增，但在另一方面，有效地减少了图书馆对纸质文献的经费投入，在整体上缓解了中小图书馆经费紧张的压力。就拿中国西部地区的大多数中小图书馆来说，在数字资源建设的资金投入方面比前几年多了几倍，在自建数据库的基础上，引进了大量的图书数据库，有效弥补了文献资源不足的问题，并且还使图书馆经费问题得到有效缓解，这也使这些中小型图书馆焕发出了新的生命。

虽然，中小型图书馆致力于数字资源建设，取得了一些喜人的成果，并缓解了经费紧张的压力，但是，随着数据越来越庞大，又出现了一些其他问题。比如中小型图书馆在引进数据库

后，缺少专业人才对数据库进行管理，出现了有些图书馆将数据库管理外包给专业的数据库团队的现象，这在无形中又增加了图书馆的经费投入。再者，运行数据库需要专业的硬件设备，而这些硬件设备本身的费用就不低，再加上后期的维护费用，这对于中小型图书馆来说也是一笔不小的经费支出。

那是不是数字资源建设对于中小型图书馆来说不是长远之计呢？随着近两年云计算技术的出现，为数据分析提供了弹性的基础设施支撑及高效的数据服务，这使得中小型图书馆可以根据自身情况购买服务，从而使得图书馆不用投入大量的经费来购买设备就可以得到大数据服务。

2.中小型图书馆的文献资源得到最大限度地挖掘和提升

文献资源可以说是中小型图书馆赖以生存的先决要素，资源的多少、资源的价值都是评价图书馆价值的重要指标。在大数据时代到来后，中小型图书馆改变了传统的服务模式，利用大数据技术，充分了解了用户的需求和习惯以及馆内各种数字资源的访问量和下载量。从而在引进数据库和文献资源上有了最直接的参考指标，淘汰了以往根据图书馆人员意志来引进图书资源的模式，这使得用户充分享受到了真正的人性化服务。最终，图书馆的文献资源得到最大限度地利用，有价值的文献资源数量也得到大幅度提升。

3.中小型图书馆的信息服务质量得到提升

中小型图书馆在之前还有一项被用户诟病的地方，那就是信息服务质量很差，与大型图书馆存在不小的差距，这其中也有缺少图书馆专业人员、技术和设备落后等诸多客观原因。大数据时代到来后，中小型图书馆可以利用大数据技术对信息进行有针对性的搜集和分析，从而推动对数据资源的挖掘，使图书馆的信息服务更有针对性，服务方式也更加灵活。云计算作为大数据时代中一项重要的技术，也在中小图书馆提升信息服务质量中扮演着重要的角色，其拥有强大的分析读者对信息需求的能力，这也为图书馆提升信息服务提供了技术支撑。

4.中小图书馆的管理理念取得进步

包括中小图书馆群体在内的传统图书馆，在图书馆的管理方面都有着丰富的经验。但是随着大数据时代的到来，新的时代需要新的管理理念，所以图书馆管理理念的转变变得至关重要。

近两三年的时间里，中小型图书馆在数字图书馆建设上取得了许多优秀的成果，从中也总结出了许多经验教训。图书馆管理者也在建设数字图书馆的过程中认识到必须转变传统的管理理念，学习适应时代需求的管理理念，并培养出了一批高端技术人才和数字图书馆管理人才。而身处大数据时代，图书馆管理者意识到必须不断学习、不断创新，才能在技术不断更新换代中保持活力，跟上时代的步伐。

事实上，中小型图书馆能够保持着不错的发展势头，与数字化技术的应用和以数据为核心要素的管理模式是分不开的。正是基于中小型图书馆建立起的这种以挖掘有价值的数据为核心的创新型管理理念，图书馆在开展高质量的数字资源服务上游刃有余，高质量的数字资源服务反过来又为中小型图书馆吸引来了更多的用户，进而发展成了一个良性循环的过程。

5.大数据专业技术人才数量增多

在中小图书馆管理理念取得长足进步之际，在大数据专业技术人才的培养上，图书馆也没有忽视。21世纪人才最珍贵，在大数据时代中，专业技术人才也同样珍贵。中小图书馆在应用大数据技术的同时，也着力培养属于自己的大数据人才。一开始，大部分馆内的人员知识能力有限，图书馆就定期请大数据专家对图书馆工作人员进行专业技术培训。还有些中小型图书馆与一些院校达成培训协议，定期组织工作人员到院校中进行大数据技术学习，这也是中小型图书馆提升工作人员理论和技术的一条重要途径。

在大数据技术被运用到各个领域，广泛被各行业重视的情况下，各种大数据技术专业交流会也逐渐增多，中小型图书馆为加强大数据技术人才的能力，也积极派图书馆工作人员参会交流，及时了解学习最新的大数据技术。这也为图书馆更好地应用大数据技术打下了很好的人才基础。

二、大型图书馆在大数据时代中的发展机遇

大型图书馆大多都是市级以上的图书馆，如国家图书馆、上海图书馆、北京图书馆、内蒙古图书馆等。一直以来，这些图书馆不论在政府经费的支出上，还是在图书馆硬件设备的更新和对图书馆人才的吸引上，都要比中小型图书馆有优势得多。但是，在大数据时代到来之后，传统的图书馆工作模式已经不能适应这个快速发展的社会的需求，尽管在很多方面大型图书馆还具有一定的优势，但是转型升级势在必行。变革也成了大型图书馆今后一段时间开展工作的主旋律，而在这场轰轰烈烈的大变革中，大型图书馆也迎来了新的发展机遇。

1. 文献资源更加充沛

由于每年都拥有相对充裕的经费来增加馆藏资源，大型图书馆在馆藏资源上可以说是很充沛的。但随着每年数量众多的新文献资源的涌入，图书馆用来储存文献资源的空间开始出现短缺的现象。并且，图书馆管理数量庞大的文献资源开始捉襟见肘，还需要消耗大量的人力来做图书资源的管理工作。如何在不影响图书馆馆藏数量和质量的基础上又可以使用较少的人力和较多的储存空间，是那一段时期图书馆面临的一个重要问题。

大数据时代的到来，为解决这一问题及大型图书馆馆藏今后的发展提供了帮助，而馆藏资源数字化成了大型图书馆利用大数据技术解决上述问题的最好实践。众所周知，馆藏资源的数字化已经成为众多图书馆在大数据时代中发展的重点方向，如《二十四史》《四库全书》等诸多古籍文献的数字化也为读者阅读这些文献提供了便利的条件，不用再翻阅笨重的书籍，也为很多大型图书馆节约了馆藏储存空间。并且,随着大量图书数字资源的出现,大型图书馆利用其技术优势和资源优势,制作了大量图书数据库,然后卖给需要这些数据的社会图书馆和高校图书馆,从而也获得了一定的收益。

更重要的一点,随着对大数据技术的深入探究和对大数据更深刻的理解,大型图书馆在利用大数据技术扩充文献资源上取得了优异的成绩,四年的时间,如国家图书馆等大型图书馆的数字资源数量翻了一番,并还在迅猛增加。如此充沛的图书馆馆藏资源也为读者开启了一场新的文化盛宴,而这些得益于大数据时代。

2. 图书馆服务创新

大型图书馆还有一项优势,就是其能为读者提供优良的图书馆服务。而这种图书馆服务除了有先进的硬件设备的帮助外,与其先进的管理理念也有莫大的关系。在大数据时代到来后,图书馆服务更是变得异常重要,而图书馆服务的创新就是大型图书馆在大数据时代中可以快速发展的源泉和动力。

首先,大型图书馆通过对读者的特定分析,并对过往的采购图书数据进行分析和研究,建立起了一套具有特色和科学性的图书采购评估系统,通过这一系统,大型图书馆可以预测读者喜欢的图书类型,在采购图书和建立数据库时可以更有把握,这就是一种图书馆服务的创新,很具有人性化。

其次,大型图书馆在大数据时代中很好地利用了大数据技术构建了知识服务搜索引擎，使读者可以很快地从海量的文献资源中寻找到需要的数字资源。而这些创新的图书馆服务是大型图书馆得以生存和吸引更多用户的关键所在。

3.大数据战略的制定

大型图书馆比中小型图书馆在很多方面更具前瞻性，这在设备的更新、管理服务的创新上都是显而易见的。在大数据时代中，大型图书馆又在制定发展方向上走在了前面。图书馆管理人员明白，制定战略规划时，要充分考虑到科技发展的速度，因为一种设备可能现阶段还是最先进的，但是没几年的时间就落后了。所以，在制定战略规划时，一定要注意到基础设施的可兼容性和可扩展性。

从大型图书馆制定的大数据战略中，我们就可以发现，对信息基础设施和服务设施做了提前的规划，从而在后来的特色数字资源建设、快速让用户适应图书馆的大数据设备等方面做了充足的准备。之后的事实也证明，这些准备为大型图书馆快速适应大数据时代的需要、培养专业人才、提高服务质量打下了很好的基础。

三、高校图书馆在大数据时代中的发展机遇

高校图书馆在大数据时代中同样面临着变革带来的机遇，大数据对高校图书馆的信息服务、信息技术的影响也越来越大。传统的高校图书馆管理模式和服务模式显然要淹没于大数据时代的滚滚洪流之中了，如何使高校图书馆可以跟上时代的潮流，如何更加充分地利用高校图书馆拥有的庞大且不会枯竭的用户群体寻求新的发展，都是摆在高校图书馆管理者面前的问题，而笔者通过多年高校图书馆的工作经验，发现了一些高校图书馆在大数据时代中的新的发展机遇。

1.高校图书馆应成为高校的数据综合中心

高校图书馆为高校师生提供着源源不断的信息资源，也逐渐成为高校科研和数据分析的中心。在大数据时代到来后，更加先进的数据分析技术和数据管理理念被高校图书馆工作人员了解和学习，从而为高校师生带来了更加丰富的文献资源和更加优质的图书馆服务。如知网、万方等数据库在这样的条件下，进入了高校图书馆，因为这些数据库中涵盖的专业信息资源十分庞大，所以使得高校图书馆的数字资源得到了极大的丰富，也为高校师生带来了极大的便利，为高校图书馆的革新并发展成为高校的数据综合中心打下了基础。

作为高校的数据综合中心，高校图书馆不仅要有庞大的数据资源基础，还要有处理和研究数据的能力，能快速从复杂繁多的数据中提取高校师生所需的信息并有能力对数据进行研究。这样，就会使高校图书馆集数据管理、数据分析和数据研究为一体，成为真正的高校大数据中心，为高校在大数据时代中的变革带来机遇。

2.以读者为高校图书馆开展工作的核心

看一个高校图书馆的工作是否优异，关键的一点是看高校师生流量是否保持在一个较高的水准。这说明，读者就是高校图书馆工作的核心要素，一切工作都要围绕读者展开。这也需要高校图书馆的工作人员转变旧有的管理理念，把以读者为核心的思想落到实处，将图书馆的价值体现出来。因为，高校图书馆工作人员从事的工作带有强烈的服务型色彩，在这个倡导以人为本的社会中，读者对高校图书馆来说就变得更加重要了。

在外部环境的布置上，要将读者的喜好和读书习惯作为布置高校图书馆外部环境的中心思想，使读者在图书馆不论是查阅纸质文献还是电子文献，都能得到一种便捷、整洁的服务，让读者可以快速找到需要的文献资料，并可以在安静整洁的环境中工作和学习。内部环境的处理上，高校图书馆应该着重培养图书馆工作人员的人文理念，即在工作中要为读者努力营造出一种舒适惬意的阅读环境，并在工作中多想读者所想，多想读者所需。只有这样，高校图书馆才能吸引更多的师生前来工作和学习，人流量有了，高校图书馆自然就有了在大数据时代中进一步发展的空间。

3.积极利用互联网技术和大数据技术升级高校图书馆服务

互联网技术和大数据技术的普及其实对传统高校图书馆的冲击是比较大的，在一定程度上削弱了高校师生对高校图书馆的依赖性，但是同时也为高校图书馆服务的革新带来了机遇。目前为止,许多高校图书馆都在积极地学习和利用新理念和新技术,将互联网技术积极地带入高校图书馆的服务体系当中去。如高校图书馆推出的手机图书馆客户端,通过该客户端,高校师生可以进行选书、借书和还书等服务,这大大减少了旧有的借还书手续,节约了高校师生的时间,同时也提高了图书馆工作人员的工作效率。手机图书馆客户端还有一项重要的功能,就是让高校师生可以在任何时间、任何地点阅读和下载高校图书馆中的电子文献,这也使得高校师生的工作和学习效率得到大大提升。

不仅在手机上,在高校图书馆内也有互联网技术应用的身影。如高校图书馆的自助借书机,高校师生可以随时借书和还书,不会因图书馆的开闭馆而受到影响。可见在大数据时代下,新技术为高校图书馆的发展带来了新的元素。所以,大数据时代下的高校图书馆要大胆地、积极地利用互联网技术和大数据技术,为以高校师生为主的读者群体提供更好的服务。

4.利用互联网平台实现高校图书馆资源共享

高校图书馆主要职责是为师生服务,文献资源也是为师生的教学和工作服务的,图书馆的馆藏文献主要根据学校的教学定位、学科建设等来配置的。由于各所学校有各自的特色,所以其在图书馆文献配置上也各具特点。如何使这种特色资源可以相互交流,被更多的读者所利用,是高校图书馆人思考的一个重要课题。而在大数据时代到来后,这种高校图书馆之间的资源共享得以实现。

许多高校图书馆已经利用互联网平台建立起了共有的数据库资源，利用这种共享数据库，可以形成各馆文献资源互补。通过各馆间资源互相分享、互相分配，获得更多的资源，这也大大提升了一些普通高校图书馆的竞争力，也为本校师生的科研和学习提供了更广的平台和资源。

大数据时代下，高校图书馆面临的不都是机遇，也有困难和挑战。而高校图书馆要想继续稳定发展，继续作为高校的智力支撑，就必须迎难而上，创新思维，改变旧有的理念和工作模式。通过互联网技术和大数据技术，以读者为核心，不断优化和改进高校图书馆服务，从而为高校师生带来更好的阅读体验，也为高校的教学发展尽自己的一分力量。

第三节 智慧图书馆的形成和发展

2009年,智慧地球这一改变人类生活方式的概念被提出,该理念致力于将最新的互联网技术应用到社会的各行各业中去,从而使人类的生活发生翻天覆地的变化。智慧地球的实质其实是利用在人类生活中形成的物联网,并通过超级计算机和云计算将物联网整合起来,在此基础上,让人类用更加精细和动态的方式去管理生产和经营生活,最终达到智慧的状态。在智慧地球上,人们将会被智慧医疗、智慧电网、智慧城市和智慧工厂等诸多智能设备包裹起来,当然,这里面也包括智慧图书馆。

我国首次开始进行智慧图书馆研究的是台北市图书馆。而在第一章中介绍过的上海图书馆,其新馆就是国内首家信息一体化服务的现代图书馆,在某些方面甚至达到了智能化的程度。此外，包括社会图书馆和高校图书馆在内的一大批优秀的图书馆，如中国国家图书馆、首都图书馆、陕西省图书馆、武汉大学图书馆、北京邮电大学图书馆等也纷纷开始着手建设自己的智慧图书馆，并取得了很好的效果。

如何建设智慧图书馆是图书馆人在这个日新月异的时代中需要思考的重要议题，在智慧图书馆的概念被提出之前，图书馆学界就对图书馆的智能化进行了深入的探讨，并明确指出：图书馆智能化管理和服务是以先进的智能技术为基础，将应用于电信、金融、门控、收费管理方面的实用智能化技术引入图书馆的管理和服务中。这些技术包括了智能卡技术、射频识别技术、计算机网络和数据库管理技术、通信技术、设备集控技术、视音频监控技术、多媒体信息转换技术等多方面的技术。

就目前的情况来看，智慧图书馆的建设工作还在探索阶段，其定义也还没有一个具体的描述，图书馆界对智慧图书馆的解释也存在分歧，目前我们只能从各种对智慧图书馆的描述中探究建设智慧图书馆。其中，从智能建筑的方面描述：智慧图书馆就是利用互联网技术将图书馆建筑变成一种现代化的建筑，其也是智能建筑与数字图书馆的有机结合。从感知计算的方面讲：智慧图书馆就是图书馆、物联网、云计算和智慧化设备这些物质的结合，主要通过物联网将各种因素连接起来实现图书馆的智慧化服务。持这种观点的内蒙古农业大学的乌恩认为：智慧图书馆是在物联网环境下，以云计算技术为基础，以智慧化设备为手段，实现书书相联、书人相联、人人相联，为用户提供智慧化服务。从数字图书馆服务的角度来说：智慧图书馆就是在充分利用互联网技术的基础上，不仅实现了各种信息的电算化，还可以不限制时间地点进行阅览电子文献等操作的数字图书馆。

我国很多图书馆学的专家对以数字图书馆服务的角度定义智慧图书馆持支持态度，因为数字图书馆与智慧图书馆有许多相似的地方。如北京邮电大学的董晓霞就有对智慧图书馆的研究成果，她认为：智慧图书馆应该是感知智慧化和数字图书馆服务智慧化的综合。其中所谓的数字图书馆服务智慧化，即数字图书馆服务不仅提供资源的服务，而且通过人和知识的融合，为用户营造一个和谐的知识生态环境，提供更高层次的知识服务。

智慧图书馆的智慧系统和智能设备

智慧图书馆又称为智能图书馆，顾名思义，其智能系统和设备是智慧图书馆开展新的图书馆活动的关键所在，没有这些智能系统和设备，智慧图书馆的建设就无从谈起。首先，智慧图书馆的智慧系统是在无线网络和云计算的智能服务的基础上建立起来的。其次，在系统的运行过程中要进行大数据分析，即要利用互联网技术和大数据技术。最后，智慧图书馆要利用互联网技术，将整个智慧系统与智能设备串联起来，实现真正的智慧化。从目前智慧图书馆的状况来看，由于受硬件条件的制约，智慧图书馆在我国的推广还不太成熟，智慧图书馆的建设现在也多在高校中开展，但是其智慧系统和智能设备应用到各个图书馆中是迟早的事。即使现在很多图书馆还没有建设智慧图书馆的条件，我们图书馆人也要了解这些智能系统和智能设备，从而在不久的将来快速适应新的图书馆工作模式。

一、无线网络和云计算的智能服务

智慧图书馆需要无线网络来连接图书馆与用户、用户与馆藏资源、图书馆智能设备与智能系统等，可以说是智能图书馆连接各方开展活动的关键。根据新华网对无线网络的定义，无线网络是采用无线通信技术实现的网络，既包括允许用户建立远距离无线连接的全球语音和数据网络，也包括为近距离无线连接进行优化的红外线技术及射频技术，3G和4G网络及无线局域网络等，其与有线网络最大的不同在于利用无线电技术取代网线，带给人们以随时随地上网的便利。

关于云计算，至今没有统一的定义，目前从各种文献资料中至少可以找到上百种解释。其中，目前最被人们接受的是美国国家标准与技术研究院对云计算的定义：云计算是一种按使用量付费的模式，这种模式提供可用的、便捷的、按需的网络访问，进入可配置的计算资源共享池（资源包括网络、服务器、存储、应用软件、服务），这些资源能够被快速提供，只需投入很少的管理工作，或与服务供应商进行很少的交互。按笔者对云计算的理解，云计算其实就是将大家电脑中的硬盘集中到"云"中，使之成为一个庞大的电脑主机，这个庞大的"电脑主机"我们称之为"云端"，只要在有网络的地方，大家就可以像平常使用电脑一样地使用这台大型"电脑"，你所需要的硬盘，即虚拟的存储空间由"云端"的管理者根据需要进行分配，个人资源即可存储在个人虚拟存储空间里，也可以将个人资源放在"云"中供人们共享。

智能图书馆在无线网络和云计算等智能服务的支持下，图书馆的智能服务得到很好得保障。正是由于云计算智能服务的支持，智能图书馆可以实现集中管理海量信息资源的目标。如今，随着文献资源大量数字化，各高校图书馆在建设自己的数据库时也会购买各类数字资源应用系统，但这些数字系统往往都是相互独立的，数据不能互通。建成智慧图书馆后，所有数字资源都会集中在云端进行统一管理，这样就实现了数字资源系统的数据互通，消除了"信息孤岛"效应。可以看出，云计算智能服务既解决了传统图书馆的硬件设备不足和需要聘请专业技术人员维护硬件设备的问题，也极大地提高了资源利用效率。

智能图书馆在应用云计算智能服务后会为用户提供一站式的集中服务，极大地方便了用户，用户只需注册专有账号，并通过唯一的用户名和密码登录到图书馆的"云端",进入"云端"后即可进行与传统电脑一样的操作,并且可享用"云端"里的所有公共资源,极大地丰富了用户资源需求。而且,在智慧图书馆里,利用无线网络对图书馆的全覆盖,用户在图书馆的任何地方都可以获取和利用数字资源。不仅如此,无线网络技术已经日趋成熟,并且已经覆盖了几乎所有的用户,所以,我们完全有理由相信,用户可以在不远的未来实现在有网络的任何地方获取"云端"上的资源和信息。

我们一直在强调,智能图书馆的核心目标就是为用户提供个性化的服务,这也是智能图书馆可以取代传统图书馆的最大原因之一。智慧图书馆建立后,读者可以获得更好的个性化服务,利用无线网络和云计算服务,图书馆甚至可以为读者提供私人订制式的服务,如个人手机图书馆APP的页面个性化定制、根据用户习惯进行的资源推送和资源自动收藏、用户自主选择想要接收的图书馆内容和信息类型等,还可以储存和管理个人历史信息和个人账户。

在智慧图书馆中,还有一项重要的功能——决策分析,而这项功能正是基于云计算服务系统进行的。智慧图书馆会将用户的身份信息写入特制的一卡通的芯片中,由于一卡通的所有数据汇集到图书馆的"云端",所以这些数据会在"云端"经过整合、彼此关联,最终实现图书馆数据的互通共享。因此,通过云计算服务,智慧图书馆可以对各类数据进行统计、分析、决策,然后通过读者不同的信息资料进行不同的统计，进而做出科学的分析与决策。

二、RFID 技术

RFID，即射频识别，又称无线射频识别，是一种先进的通信技术，俗称电子标签，可通过无线电讯号识别特定目标并读写相关数据，而无须识别系统与特定目标之间建立机械或光学接触。在智慧图书馆的建设中，RFID技术也受到了青睐，其组成部分包括具有唯一电子编码的标签、能读取和写入标签信息的阅读器、在标签和读取器间传递信号的天线。与条形码技术相比，RFID技术不仅具有条形码的功能，还因其非接触式读取信息的特点，有着条形码无法实现的新功能。因此，RFID技术在理论上完全可以代替条码技术，作为一种新兴的图书信息自动识别技术，应用于智慧图书馆的智慧化管理中。

RFID技术应用到智慧图书馆中时，具有很多特点，对建设智慧图书馆起到了决定性的作用。我们简单地列举几条来说明。首先，RFID技术在应用到图书馆的一卡通上时，不受卡片尺寸大小与形状的限制，不需为了读取精确度而配合纸张的固定尺寸和印刷品质。其次，传统条形码的载体是纸张，容易受到污染，但RFID技术制作的卷标对水、油等物质具有很强的抵抗性。此外，由于条形码是附于塑料袋或外包装纸箱上，所以特别容易被折损，而RFID卷标是将数据存在芯片中，因此可以免受污损。再次，RFID技术具有穿透性和无屏障阅读功能，其能够穿透纸张、木材和塑料等非金属或非透明的材质，并能够进行穿透性通信。最后，RFID技术具有很高的安全性，由于RFID技术制作的卷标承载的是电子式信息，其数据内容可经密码保护，使其内容不易被伪造，保障了信息的安全。

其在智慧图书馆中的具体工作原理是，RFID技术通过把书籍的条码与电子标签关联，实现对图书的关联管理。RFDI技术还可以用来识别、追踪和保护图书馆的所有资料，通过RFID技术实现图书借还、上架、查找、馆藏盘点等功能，大大提高图书馆的工作效率。首先，要将电子标签内置到书籍当中，使用户可以通过图书馆内外的自动借还书机实现自主借还书籍，图书馆工作人员也用盘点机定期对图书馆的书籍盘点。其次，图书馆还要安装带有RFID技术读写器的安全门，可实现对进出图书数据采集，防止图书遗失。这样，可以让用户通过自助的方式享受借书、还书、阅读、续借、预约等服务，给用户创造了一个便捷、优雅、安静的氛围。

三、物联网技术

物联网技术是智慧图书馆建设的最终环节，也是最重要的一环。物联网是将各种信息传感设备，如射频识别装置、红外感应器、全球定位系统、激光扫描器等各种设备与无线网络结合起来而形成的一个巨大网络。在物联网技术应用到智慧图书馆中后，图书馆的信息资源采集由传统的单个信息采集点演变为由大量传感器节点所组成的网络来实现信息的采集，同时每个传感器节点都具有一定的信息处理和传输能力，各个传感器节点所采集的信息也可以通过相互之间的信息交流实现信息汇总功能。

因此，我们可以看出，物联网不仅创新了图书馆的管理模式，使图书馆的管理变得更加智能，而且增强了图书馆与用户之间的互动，提高了图书馆工作人员的工作效率，增强了图书馆的安全性、准确性和扩展性。物联网技术也在如今图书馆界受到了越来越多专家学者的重点关注，并针对物联网技术陆续开展了一系列相关研究。由于图书馆主要是以图书资源和用户信息为管理对象，物联网技术的核心思想是将物理世界与信息世界联系在一起，形成一个有机的整体，因此，物联网技术应用到智慧图书馆中就成了一个必然的趋势。

智慧图书馆的服务模式

智慧图书馆的建设离不开物联网、传感技术和云计算技术的支持,也正因为硬件和技术方面的优势,智慧图书馆可以为用户提供更高层次、更人性化、更加智慧的信息服务,其服务理念、内涵与数字图书馆一样,都是以用户为中心进行图书馆活动的。与传统图书馆、数字图书馆不同的是,智慧图书馆的服务模式应该是基于图书馆员智慧的知识服务,是基于信息资源的深度知识挖掘以及具有用户需求分析功能的专家式的系统服务,是一种有品质、有价值、有内容的高层次服务。而在智慧图书馆的环境下,智慧服务的作用就显得更为突出了,可以说其就是智慧图书馆建设的灵魂和核心。

一、智慧服务的概念

要想建设好智慧图书馆,就要先对智慧服务有个明确的概念。图书馆作为人类社会的知识中心,其主要职责是帮助用户在使用知识的过程中解决困惑和持续创新。而这不是仅提供信息服务就能做到的,还必须依靠图书馆创造性的知识服务,也就是说图书馆要提供有智慧的知识服务。可见,智慧服务是建立在知识服务基础上的，是一种运用创造性智慧对知识进行搜集、组织、分析、整合，形成全新的知识增值产品，还是一种支持用户的知识应用和知识创新，并将知识转化为生产力的服务。

智慧图书馆智慧服务的最终目的是通过智慧的知识服务给用户带来包括经济效益和社会效益在内的广大效益，从而使知识产品从旧有的知识体系中脱颖而出，变成推动社会进步和生产力发展的源源不断的动力。

二、智慧服务的特征

一直以来，社会图书馆和高校图书馆致力于最大限度地满足人民日益增长的精神文化需求，使人民可以跟上时代的步伐，从而能够充分利用各自的智慧服务好社会，为我们的国家创造出更多的物质财富和精神财富。与传统图书馆的诸多服务，如文献服务、信息服务、知识服务等相比，智慧图书馆的智慧服务是以用户的智慧生成过程为核心，其目的是为了开发用户将知识转化为实践和知识再创新的能力，最终实现智慧创造。而在传统图书馆的服务中，知识服务是智慧服务的基础，反过来，智慧服务又改良和完善了图书馆的知识服务。在智慧图书馆逐渐成为图书馆今后发展的主流方向后，智慧服务成为图书馆服务社会和人们的核心力量。

智慧图书馆的智慧服务在发展过程中呈现出五个基本特征：

第一，智慧服务，服务的对象是广大用户和社会群体，甚至是全人类，是一种涵盖面广、惠及群体众多的服务；第二，智慧服务是要建立在原有的文献服务、信息服务、知识服务基础之上的，图书馆要时刻以用户为中心，帮助用户在接受知识服务的过程中创新知识、提升智慧；第三，智慧图书馆的建设必须要充分利用物联网、云计算等先进的信息技术，从而掌握丰富的信息资源，这其中不仅包含数字资源，还包括纸质资源等；第四，智慧图书馆的智慧服务通过集群化综合服务平台实现知识的整合、显示、获取、转换和传递等服务；第五，智慧服务具有服务协同性的特点，其使资源由分散趋向集约、由异构趋向统一，克服资源在布局上各自为政、分散管理和重复建设的弊端，为实现智慧图书馆的管理打下基础。

三、智慧服务平台的建设

智慧图书馆在建设的过程中，智慧服务平台应运而生。但建设智慧服务平台也不是一蹴而就的，其形成过程也分为信息汇集、协同感知和泛在聚合三个阶段。智慧服务平台在建设的过程中也呈现出异构性、开放性、移动性、协同性、融合性等特点。在建设平台的过程中最重要的一点是要时刻了解用户的实际信息需求，因为用户的信息需求随时都可能发生变化，所以要通过构建、整合各种信息资源，使用户能够不受时间和地域的限制，可以随时随地使用图书馆资源，满足智慧图书馆的建设要求。

在建设智慧图书馆智慧信息服务体系时，要注意资源、技术和服务之间的关系。其中，资源是智慧图书馆开展工作的基础，是智慧信息服务体系的核心竞争力，可以最大限度地利用资源和让资源为用户服务是智慧图书馆追求的根本目标。当然，先进的技术也是建设智慧服务平台的必备条件，其实智慧图书馆智慧服务平台运行的保障，没有技术支持，智慧服务根本无从谈起。而服务就是智慧服务平台最终给用户带来的感官体验，是建立智慧信息服务体系的根本目的，也是智慧服务平台构建的核心要素。

除了要明确上述三者之间的关系，在建设智慧服务平台时，还要注意资源集成。资源集成是指智慧图书馆智慧服务的技术基础，简单来说，资源集成就是在各个文献信息机构、各类文献之间建立起跨系统应用集成、跨部门信息共享、跨媒体深度融合、跨馆际物流等服务与管理模式，并在资源集成建立的基础上，实现资源与人的时时相联，既包括资源与馆员的互通相联，也包括资源与用户的互通相联。这就是智慧图书馆智慧服务的关键所在，充分体现了智慧图书馆以人为本的发展理念。如，目前在包括呼和浩特市在内的许多国内城市都建立了智能书车和城市街区24小时自助图书系统，这些图书馆是现代科技和智慧服务的物质体现，通过后台强大的管理系统和集成化服务，实现了馆员、资源、用户三者的互通互联，体现出智慧图书馆的智慧服务以用户为中心、以人为本的核心理念，这也是建设智慧服务平台的最好实践。

智慧图书馆的智慧管理

智慧图书馆虽然利用了大量高科技技术，实践了许多新理念，但是和传统图书馆一样，智慧图书馆也需要管理。这种管理不是传统的图书馆管理模式，而是利用物联网技术对图书馆进行的智慧管理。这种管理可以分为对人员的智慧管理、对文献的智慧管理、对自动借还书的智慧管理对图书馆资产的智慧管理、对图书馆时间和空间的智慧管理以及智能座位查找和选择等。

一、对人员的智慧管理

智慧图书馆在对人员进行管理时，要运用智慧管理，这些人员包括图书管理人员和读者。目前建成的智慧图书馆大多要求管理人员和读者办一张写有自己身份信息的一卡通卡片，该卡片也可内置于手机中，集身份证明、借还书、门禁等功能于一体。在图书馆门禁处装有与图书馆管理系统相连接的接收器，只要携带有一卡通卡片（或有内置卡的手机）的人员靠近门禁处，接收器就会自动识别并自动将门打开，同时记录人员信息，其数据即刻被传送到图书馆管理系统中。系统可以自动生成人员进出馆明细报表，统计出各类人员每天进出馆的次数和具体时间。由于在馆中装有足够数量的接收器，各类人员进出馆和在馆中的流动情况即可从系统中查出，且非持卡人员不能进入图书馆。

二、对文献的智慧管理

虽然大量文献已经数字化，但是智慧图书馆仍然会保留有相当数量的纸质文献，如何对这些纸质文献进行智慧管理是智慧图书馆在发展过程中研究的一个重要课题。在传统的图书馆中，由于需要人工对书籍进行管理，致使书刊的乱架率高，寻找乱架、错架的书籍并重新进行分类归位花费了图书馆大量的人力和物力。在智慧图书馆深入建设后，我们可以预想到，所有书刊都会被事先植入写有书籍信息的芯片，这样一来，在图书馆工作人员清点图书时，只要将书籍扫描仪在书架上依次扫过，所有的书目信息便会显示在扫描仪上，方便管理人员将乱架、错架的书籍重新归位。再者，当读者需要在图书馆内寻找图书时，只要将所需书籍信息输入阅读器中，就可以查询到相关书籍的信息、馆藏书目数据、借阅数据及图书当前所在位置，帮助读者快速找到所需书刊。

三、对自动借还书的智慧管理

建设智慧图书馆还有一个重要的目标就是最大程度地让用户感到便利、打破时间和空间的限制，自动借还书系统可以很好地体现智慧图书馆这一特点。目前，许多智慧图书馆在建设的过程中首先建成了自动借还书系统，系统24小时不间断服务，通过该系统，读者可以在机器上自行办理书籍借阅、归还手续，不再受图书馆开闭馆时间限制。

在具体操作上，很多智慧图书馆已经有了成功的案例。在自助借还书机上，读者只要将自己的借书证放在机器相应的感应区内，系统就会自动识别读者的个人信息，然后读者再通过借书机进行选书，通过图书馆的自动化借阅系统，最后完成借书。与借书系统相同，读者可以通过自动借还书机进行自主还书，操作完成后，机器会为读者打印还书凭条，然后系统会自动通知中心系统更新图书信息及读者信息。

四、对图书馆资产的智慧管理

智慧图书馆不仅要对图书、用户、图书馆工作人员进行智慧管理，还要对图书馆资产进行智慧管理，让图书馆全方位智慧化。与传统图书馆相比，智慧图书馆在管理图书馆资产上应用了大量先进的仪器设备，也更加精细化。

智慧图书馆的所有资产都会被贴上特有的电子芯片，就像每件物品有了自己的身份证。这样在对资产进行定位、监控、清点时就会更加便利，同时，如果带有电子标签的图书馆资产被带出图书馆时，图书馆门口的报警系统就会将情况传达到监控室，使图书馆第一时间了解资产动向，有效防止了图书馆的资产和图书流失。

五、对图书馆时间和空间的智慧管理

智慧图书馆要想让用户在进入图书馆时就有智能的体验，就必须全方位地实现智慧化，就像现在研究的智能化家居一样，大部分设施由后台直接操控，既节省了人力，又可以在第一时间满足用户需求。如国内很多智慧图书馆都实现了视频监控覆盖全馆，并利用声、光、电和温度湿度调控等技术，实现了对图书馆内声、光、电和温度、湿度的监测和调控，让来到图书馆的用户体验到舒适的阅读环境，从而实现了对图书馆空间的智慧管理。

所谓图书馆时间的智慧管理，实际上就是管理图书馆的开闭时间，目前的技术手段也完全可以实现定时开关图书馆大门。

六、智能座位查找和选择

由于图书馆环境好，适合学习阅读，尤其是对于高校学生来说，高校图书馆的座位一直以来都很紧张，占座、抢座现象非常普遍，学生经常楼上楼下地寻找座位。而在智慧图书馆中，已经有了智能选座系统，就像我们今天在商场中的饭店看到的一样，饭店的等位系统会在顾客手机的APP上显示排位情况、前面还有几个人等信息。在图书馆中，读者只要将自己的身份证件或借阅证放在智能选座机上的卡片感应区，机器上便会显示是否有空位、空位的具体地点等信息，然后用户就可以选座了。选好座位后，机器便会打印出一张标明座位代码、所在位置、用户信息等的座位票。用户在离开图书馆时，系统将自动释放该座，供其他用户选择。

智慧图书馆的发展现状

从现阶段各国智慧图书馆发展的状况来看，是否应用了RFID技术，是一个图书馆能否被称为智慧图书馆的硬性指标。目前，已有新加坡、中国、澳大利亚、美国等多个国家的许多公共图书馆和高校图书馆在建设智慧管理系统时采用了RFID技术。尽管该技术在20世纪90年代时就已经应用到了图书馆中，但是直到21世纪初，新加坡国立图书馆才研究出了第一个在图书馆内全面部署RFID技术的图书馆管理系统，是世界上第一个实现图书馆内的每本书上都有RFID标签、自助借书和还书的智慧图书馆。根据2013年的数据资料，在世界范围内，8%的大型图书馆采用了RFID技术作为图书馆的管理系统，这一数据还在以平均每年30%的速度增长。

在我国，厦门集美大学诚毅学院图书馆首先"尝鲜"，于2006年正式向外界展示了其智慧图书馆建设成果，图书馆配套建设的RFID智能馆藏管理系统也同时投入运行，标志着我国拥有了第一家进入实用阶段的RFID智能馆藏管理系统的图书馆，开创了我国RFID技术在图书馆中应用的先河，为我国智慧图书馆管理系统的发展起到了示范作用。之后，深圳图书馆在新馆建设时，也采用了RFID技术进行图书馆管理，并实现了读者自助借还图书，精确定位图书的位置，图书自动分拣、自动整序排架、自助清点馆藏和射频防盗报警等一系列自动化管理功能。随后，武汉图书馆、国家图书馆二期数字图书馆、上海图书馆、南京图书馆、湖北宜昌市图书馆、陕西省图书馆等国内众多大型公共图书馆也先后采用了RFID技术。

RFID技术的应用彻底颠覆了图书馆传统的借阅服务和藏书管理模式，大大提升了图书馆的管理效率，为其他图书馆在大数据时代中怎样转型升级做了很好的示范。

一、公共智慧图书馆的现状和遇到的问题

1. 公共智慧图书馆的现状

目前，我国很多大型的公共图书馆都建设了智能图书馆，其技术特点大致相同，因为还在智慧图书馆建设的初级阶段，所以现在的技术支撑主要依赖于物联网技术和RFID技术。在管理系统方面，绝大多数的图书馆都将RFID技术作为图书馆的管理系统，其智慧服务模式也大体相同，在图书馆中的应用也都基本一致，包括自助借还书、图书自动分拣、自动整序排架、安全防盗等几个方面。

如陕西省图书馆，作为西北地区第一座建成智慧图书馆的公共图书馆，于2009年就成功地将RFID技术应用到图书馆中，走在了其他图书馆的前面，成为后来包括内蒙古图书馆在内的诸多西北公共图书馆建设智慧图书馆的标杆。目前，其实现了读者自助办证、自助借阅、文献精确定位等功能。同时，取消了所有公益性服务收费，实行免费办证、免证阅览，读者接待量、文献借阅量均大幅增长，这些服务和功能也是西北地区其他省和自治区公共图书馆建设智慧图书馆的建设目标。

2. 公共智慧图书馆在建设中遇到的问题

虽然，建设智慧图书馆对公共图书馆在大数据时代中的发展起到了转型加速的作用，但不可否认，在探索建设智慧图书馆的过程中，仍不可避免地出现了许多亟须解决的问题。

第一，随着RFID技术在图书馆中得到广泛应用、RFID技术和设备的更新，很多图书馆过去应用的RFID技术还在使用，却已经无法适应目前的RFID标准，致使智慧图书馆的RFID技术管理系统面临落后和被淘汰的局面。所以，只有升级或改进现有的RFID技术，才能适应图书馆新的发展需求。

第二，在RFID技术应用的过程中，许多图书馆都出现了图书无法精确定位的问题，目前，其只能精确到图书所在的一层书架，如果人工摆放错误或书不在架，则不能精准定位，这在无形中增加了图书馆工作人员的工作量，这是智能图书馆需要进一步解决的又一大问题。

第三，RFID技术软件的安全性目前还不够高，包括RFID标签、阅读器在内的智能图书馆设备都存在着不同程度的安全缺陷。如果遭到网络黑客攻击，会使数据无法被正常接收、用户信息被盗、图书馆文献资源被篡改甚至删除。如果不解决软件安全方面的缺陷，智能图书馆的建设将会遇到很大的瓶颈。

第四，目前仍有很多图书馆在建设智慧图书馆上没有作为，主要还是经费不足导致的。目前的智慧图书馆设备和RFID管理系统虽然价格有所下降，但是对于靠政府拨款的公共图书馆来说，仍是一大笔花销。这其中包括服务器、阅读器、自助借还书机、门禁设备等先进设备仪器的支出，特别是折旧率较高的RFID标签，其成本比传统条形码贵了上百倍，这还没有算设备的更新和维修所需的费用。对于以免费服务为主的公共图书馆来说，每年这么高的支出，确实是限制智慧图书馆发展的一大现实困难。

二、高校智慧图书馆的现状和遇到的问题

1.高校智慧图书馆的现状

近年来，高校图书馆掀起了建设智能图书馆的热潮，以RFID技术为代表的智能技术被广泛应用到高校图书馆中。如北京理工大学、西安理工大学等一批高校最先开始了图书馆的智能化管理，但从目前大部分高校图书馆的情况来看，其效果离名副其实的智慧图书馆还有着不小的差距。

首先，在高校图书馆建筑方面，什么样的图书馆建筑才算是智慧图书馆的标准，智慧图书馆建筑需要什么硬件，目前仍在探讨阶段。有些高校在建设新馆时会加入自己预想的智慧图书馆的元素，但是并没有得到广泛的认可。

其次，由于管理理念陈旧、缺少资金等原因，已建成的智慧图书馆只是在某些方面基本达到了智能化的要求，如RFID技术管理系统、图书自动分拣等技术和设备以及对无线网络的使用等。然而，这些方面也并不成熟，在运作的过程中出现了许多问题，只能说还处于探索的阶段。

再次，高校图书馆还需要通过物联网技术将图书馆智能建筑与RFID技术、智能设备等结合起来，这样的高校图书馆才能在智

慧图书馆建设上走出一条成功之路。

2.高校智慧图书馆在建设中遇到的问题和解决办法

高校智慧图书馆在建设中遇到的一系列问题与公共智慧图书馆遇到的问题有很多共同点,如:都有因图书馆经费不足制约了智慧图书馆的建设、RFID技术和设备没有得到及时更新和维护等。但高校智慧图书在发展中也存在自身独具的问题,如很多高校因有众多校区且藏书量庞大,使得图书馆不能得到统一管理,从而制约了智慧图书馆的建设。如果高校图书馆不能解决好这些问题,智慧图书馆的建设就会停滞不前。

那么该如何解决这些问题呢?笔者认为首先要整合好馆藏资源,用有限的经费为读者提供更多的信息资源;其次,是要为高校图书馆建立合理的更具有针对性的管理体系,为高校师生提供更多优质的服务。与公共智慧图书馆遇到的共同问题,上文已有提及,就不再赘述。这里具体谈谈解决高校智慧图书馆特有的问题。

针对因高校校区众多而使得图书馆不能得到统一管理的问题,笔者认为高校图书馆需要充分利用RFID技术建立起良好的管理理念,面对庞大的文献资料时,不但要利用先进技术和设备对馆藏资源进行整合,将图书馆文献进行分类管理,方便学生阅读,避免学生在查证文献资料时无从下手;还要对高校图书馆的工作人员进行培训,让管理员了解智慧图书馆的原理、设备技术、管理模式,使图书馆工作人员能够在转变管理理念的过程中有个过渡,避免仓促管理智慧图书馆导致的不适应和走弯路。由于高校图书馆总体是为高校师生提供服务的,所以图书馆既是一个教学机构也是一个科研机构,在智慧图书馆建成后,就更加需要图书馆的工作人员提供比从前更多的服务,充分发挥图书馆的智能教学和智能科研作用,这就要不断提高图书馆工作人员的专业素养,不仅要学习图书馆管理,还要掌握一些学科间的专业知识,从而可以利用图书馆智能管理系统更好地为高校师生服务,使高校师生不断获取新的知识、获得新的研究成果。

此外,为解决众多校区间众多图书馆出现的管理混乱问题,应该将各校区间的资源合理分配,如文学院所在的校区应该多搭配文学类的书籍,理工科学院所在的校区应该多藏理工科类的文献资料。再者,在智慧图书馆建成后,数字文献完全可以在校区间进行共享,在主校区建立统一管理文献的系统,使文献的管理独立于其他图书馆事务管理之外,这也是一种行之有效的手段。

智慧图书馆的建设虽然取得了一系列喜人的成绩,也让人们看到了图书馆发展的新希望。但是,目前的智慧图书馆还只是刚刚起步,仍有诸多不成熟的地方,大部分的智慧图书馆只是局部实现了智能化,而真正的全面智能化是要从图书馆的整体出发的,既考虑图书馆内部各业务功能的专业化、智能化,又考虑图书馆管理的智慧化程度,可以说是建筑技术与信息技术在图书馆业务中的结合,缺一不可。所以,我们在建设智慧图书馆的道路上仍有很长的一段路要走,笔者也相信在党和政府的领导下,图书馆人会踏着坚定改革的步伐,再续辉煌。

第四节 智慧图书馆为新时期教育事业带来的变革

智慧图书馆的建设，其最终目的仍是更好地服务于人们的精神生活。在为社会培养人才的高校中，智慧校园和智慧图书馆的建设都为推动新时代教育事业的又一次腾飞做出了巨大的努力，这也明确了今后教育事业的发展方向，即向更智能、更便捷、更人性化的方向发展，最大限度地挖掘人才的潜能，以培养创新型人才为教育事业的核心。

与智慧图书馆相对应，今后的教育事业也大致以建成智慧教育为主要的发展目标。智慧教育即教育信息化，指的是全面深入地在教育事业中运用现代信息技术来促进教育改革与发展的过程。智慧教育的技术特点是数字化、网络化、智能化和多媒体化，并呈现出开放、共享、交互、协作的基本特征，形成以教育信息化促进教育现代化，用信息技术改变传统的模式。

和智能化为图书馆带来的冲击一样，教育信息化的发展使教育形式和学习方式迎来了重大变革，促进了教育改革。对传统的教育思想、观念、模式、内容和方法产生了巨大冲击。这对于提高教育质量和效益，培养创新人才具有深远意义，是实现教育跨越式发展的必然途径。

智慧教育

比起智慧图书馆开始建设的时间，智慧教育出现的时间要晚上许多。直到2009年，才由IBM提出了智慧教育的概念，并首先提出学生的技术沉浸，个性化、多元化的学习路径，服务型经济的知识技能，系统、文化和资源的全球整合以及教育在21世纪经济中的关键作用为智慧教育建成的五大标志。这与智慧图书馆在很多建设理念上相吻合，虽然智慧图书馆也在一定程度上促使用户获得了更多的教育资源，但是智慧教育是一种最直接的、帮助人们建立完整智慧体系的教育方式，其教育宗旨是引导人们发现自己的智慧、协助人们发展自己的智慧、指导人们使用自己的智慧和培养人们创造自己的智慧。

与智慧图书馆以及一切以智慧命名的最新发展理念一样，智慧教育必须要依靠物联网、云计算、无线网络等最新的信息技术来打造的物联化、智能化、感知化、泛在化的教育信息生态系统，即以先进的、适宜的信息技术作为支撑，设计开发各种新型的、能适应各种特定的学习和教学的智慧学习环境，利用信息系统或其他智能设备分担大量烦琐的、机械的、简单重复的学习任务，引导学习者将注意力、工作记忆等心理活动投入更复杂、更有价值、更需智慧的学习任务中，从而开发学习者的批判性思维、创造力、协作能力、平衡能力以及问题解决能力。我们可以由此看出，智慧教育实际上是目前流行的数字教育的高级发展阶段，发展智慧教育旨在提升现有数字教育系统的智慧化水平，使智慧教育中的智慧教学、智慧管理、智慧评价、智慧科研和智慧服务等逐渐变为现实并逐渐成熟，同时促进学生、教师、家长、管理者和社会公众等群体的智慧养成。

前面提到，看一个教育模式是否是智慧教育，其中一个标志是该教育模式在21世纪经济中是否起到了关键作用。目前来看，这种关键作用就是要教会学生在21世纪中如何生存得更好，即学会新的生存技能。这种技能包括要有批判性思考和解决问题的能力、沟通与协作的能力、创造与革新的能力、灵活性与适应能力、社交与跨文化交流能力、高效的生产力、责任感、领导力等，并具有信息素养、通信技术等一系列素养。

1. 智慧教育的特征

与智慧图书馆一样，智慧教育也具有几大特征，这也是智慧教育区别于传统教育和数字教育的主要方面。并且，在智慧图书馆的帮助下，智慧教育的优势和特点会得到更充分的展现。

其一，智慧教育具有建立在先进技术框架内的特征。建设智慧教育需要利用最新的信息技术，如物联网、云计算、互联网等技术，对教育信息进行感知、识别、捕获、汇聚、分析，进而辅助智能化的教育管理与决策。这种技术特征在大的方面主要表现为采用面向服务的软件架构体系，实现了各类应用、数据及业务流程的有效整合，大大提高了系统的适应性、扩充性、可维护性和易用性。从具体内容上讲，其主要表现为对学习环境进行感知和智能调节，对校园环境进行智能化管理，对教与学的过程进行跟踪与记录，对家校互通提供立体化的网络支持。现在在南京的一些中小学中就已经有了对智能教育的具体应用。

其二，智慧教育具有拥有大量优质资源的特征。首先，智慧教育资源平台的建设需要依赖智慧图书馆的帮助，大量的优质资源都是从智慧图书馆中获得的，在智慧图书馆的帮助下，智慧教育将从产品层次上升至服务层次，资源平台建设从技术平台的搭建转向服务体系的构建。其次，在智慧教育资源的运作机制上，大数据时代中以用户为中心的理念正在逐步体现，各种有效的社会化驱动和信息聚合机制正在逐步引入，资源平台的建设和应用逐步提升。最后，在技术模式上，智慧图书馆的资源建设正在从传统的数字化向智能化方向转变，大量的优质资源更容易被用户利用。

其三，智慧教育具有全新教学模式的特征。一、智慧教育颠覆了传统的教育模式，可以让教学资源和课堂生成性资源快速、直接地被学生获取和利用，提高了学生的学习效率。二、智慧教育还要对学生在课堂上的学习状态等信息进行跟踪、分析，辅助教师第一时间调整教学模式，让学生可以更加容易地获取知识。三、打破传统的课堂互动，利用新技术、新设备实现了高效、直观的课堂互动，使学生便于理解所学内容。四、在传统教育中，自主学习一直以来只停留在口号上，更多的是老师填鸭式地给学生教学，这种被动的学习模式的效果显而易见，而在智慧教育的帮助下，学生可以利用视频网络等互联网技术使自主学习成为今后的主要学习方式。五、智慧教育不同于传统教育的最大一点就是可以突破时空的界限，不再将学生拘泥于课堂之上，学生可以在任何有无线网络的地方在任何时间获得最新的教学资源。

2.智慧教育的平台搭建

智慧教育需要一个广阔的平台来实施，而这个平台和传统意义上大而广的平台不同，这一平台是由最新的教育理念、最新的信息技术和最新的教学设备合力构成的，构建智慧教育的平台对提高当前的教育质量具有重大意义。正如国务院副总理刘延东所说："教育信息化是教育理念和教育模式的深刻变革，是促进教育公平、提高教育质量的有效手段，是实现终身教育、构建学习型社会的必由之路。"我们可以在这里将教育信息化理解为建设智慧教育的总体纲领，进而在教学、科研等方面形成一个大数据背景下的新的教育形态。

在建设智慧教育平台时，首先要整合软件和硬件资源，打造出一个智能化环境。所以，"云平台"应运而生，其集教学、学习、交流等于一体，使教师、学生、家长、教育管理人员等聚集在一个平台上，共享教育资源、互相交流和学习，打破了时间和空间的约束。如何更好地建设"云平台"，使其发挥出为智慧教育服务的最大能量呢？这就需要完善平台设计，利用智慧图书馆相对成熟的建设技术，将资源管理平台与"云平台"有机地融合起来，形成一个由图书馆管理、教学管理的结合平台，最大限度地利用学校资源，获得更加便捷和高效的信息传递，为全面智能化打好基础。其次，由于目前互联网上的教育资源良莠不齐，不利于用户使用，所以需要在建设"云平台"时，着重建设寻找资源、共享资源、存储资源、利用资源的一个有序的体系，为不断优化资源、加大资源的贡献创造出新的局面，这其中也少不了智慧图书馆对平台资源服务的帮助。再次，我们从现阶段很多地区和学校开发的智慧教育上不难看出，智慧资源不能仅靠学校自己来建设，也要通过联合企业，利用一些高科技企业的先进管理理念和先进技术，来共同创造教育信息化平台。这些优质的科技企业可以为学校量身定做出适合本校教育发展的软件服务，还能为学校的教学工作者做定期培训，使得教师可以更加自如地运用这些技术和设备，为学生带来更好的智能化教育体验。校企联合来打造"云平台"可以说是一个双赢的局面，保障了智慧教育的深入发展。最后，智慧教育平台在搭建的过程中和搭建好后都需要一个优质的智慧管理体系，该管理体系中应该包括资源云管理、云办公管理系统、远程云管理等，这些管理系统可以对学校的各项教学工作实现智能管理，真正将教育全面推向智能化。

构建"云平台"的最终目的还是要更好地为学生服务，智慧教育的目的也是为了培养出"智慧学生"，更加注重学生道德方面的培养，改变原有以成绩为主的教育模式。在"云平台"带来的颠覆性的智能环境中，学习变得更加开放、更加自主，学生的需求和习惯成为智慧教育建设的核心要素，学生可以通过将作业、学习经验等信息整理后上传到"云平台"，实现信息的交流和共享，也可以使教师在第一时间掌握学生的动态，及时为学生调整教学模式。所以，智慧教育可以丰富学生的学习方式，是学生在大数据时代下教育的"私人订制"。

VR 教育构想

VR就是虚拟现实技术的缩写，是最近两年新兴的一种仿真技术，也是未来仿真技术发展的一个重要方向，是仿真技术与计算机图形学、人机接口技术、多媒体技术、传感技术、网络技术等多种技术的集合，是一门富有挑战性的交叉技术前沿学科和研究领域。虚拟现实技术主要包括模拟环境、感知、自然技能和传感设备等方面。模拟环境是由计算机生成的、实时动态的三维立体逼真图像。感知是指理想的VR应该具有一切人所具有的感知。除计算机图形技术所生成的视觉感知外，还有听觉、触觉、力觉、运动等感知，甚至还包括嗅觉和味觉等，也称为多感知。自然技能是指人的头部转动，眼睛、手势或其他人体行为动作，由计算机来处理与参与者的动作相适应的数据，并对用户的输入做出实时响应，并分别反馈到用户的五官。传感设备是指三维交互设备。

我们可以大胆假设，如果利用虚拟现实技术将校园的所有场景直接进行模拟，老师和学生只需头戴虚拟现实的眼镜，通过网络连接就可以在家互相看到对方的一举一动，按动按钮就可以切换教室、校园、实验室、图书馆等场景，仿佛置身其中。如北方的学生戴着眼镜就可以聆听南方老师讲课，就像是在现场一样，甚至可以举手发言和提问，为学习者营造出一种强烈互动、逼真的教学环境，可以预料到，如果虚拟现实技术广泛应用于教育中将是教育事业的一个飞跃式的发展。

目前，因为虚拟现实技术是一种新科技，其技术特征还有待完善，所以在教育中的应用还是凤毛麟角的，但是在教育部近年来发布的一系列文件中多次涉及虚拟校园的观念，阐明了虚拟校园的地位和作用，这说明虚拟现实技术已经受到了教育部门和教育界的广泛关注。同时，虚拟校园也是虚拟现实技术在教育培训中最早的具体应用，它由浅至深有三个应用层面，即简单地虚拟我们的校园环境供游客浏览，主要体现出教学、教务和校园生活。功能相对完整的三维可视化虚拟校园以学员为中心，加入一系列人性化的功能，以虚拟现实技术作为远程教育基础平台，这一平台可为高校扩大招生后设置的分校和远程教育教学点提供可移动的电子教学场所，通过交互式远程教学的课程目录和网站，由局域网工具做校园网站的链接，可对各个终端提供开放性的、远距离的持续教育，还可为社会提供新技术和高等职业培训的机会，创造更大的经济效益与社会效益。

当前许多高校都在积极研究虚拟现实技术及其应用，并相继建起了虚拟现实与系统仿真的研究室，将科研成果迅速转化为实用技术，如北京航天航空大学在分布式飞行模拟方面的应用；浙江大学在建筑方面进行虚拟规划、虚拟设计的应用；哈尔滨工业大学在人机交互方面的应用；清华大学对临场感的研究等，都颇具特色。有的研究室甚至已经具备独立承接大型虚拟现实项目的实力。虚拟学习环境虚拟现实技术能够为学生提供生动、逼真的学习环境，如建造人体模型、电脑太空旅行、化合物分子结构显示等，在广泛的科目领域提供无限的虚拟体验，从而加速和巩固学生学习知识的过程。亲身去经历、亲身去感受比空洞抽象的说教更具说服力，主动地去交互与被动的灌输式数学，有本质的差别。虚拟实验利用虚拟现实技术，可以建立各种虚拟实验室，如地理、物理、化学、生物实验室等，拥有传统实验室难以比拟的优势。

随着虚拟现实技术的不断发展和完善及硬件设备的不断升级，虚拟现实技术可以为教育事业提供广阔的发展舞台，并会逐渐受到教育工作者的重视和青睐，最终为大数据时代下教育事业的变革带来新的活力。

第五节　未来图书馆的几大猜想

未来图书馆，即图书馆发展的未来趋势。在这个日新月异的时代里，每一分每一秒世界的样子都有很大的不同，在这当中，文化也在潜移默化地发生着变化，从过去的电报和电式，到如今的互联网技术和大数据技术的普及，人类之间的沟通变得越来越容易，各种服务也越来越人性化。图书馆作为人类文明的承载者，无可厚非地承担着传承和发展文化的重任。

互联网时代的到来，使得我们身边的一切都发生着翻天覆地的变化，文化教育也不例外。所以，为了更好地为当代的文化教育发展和转型提供有力的知识储备和设备保障，图书馆就必须先一步实现与互联网技术应用的无缝对接。目前，图书馆在这一方面对文化教育事业的支持还是不够的，在没有成功范例对未来图书馆发展做指导的情况下，就需要我们对未来图书馆的发展趋势进行大胆预测和展望，来为未来文化教育的转型升级服务。笔者以多年在高校图书馆工作的经验，并在参考国内外一些图书馆学家研究成果的基础上，总结了11条图书馆未来的发展趋势，为我国图书馆和文化教育的发展尽绵薄之力。

图书馆服务泛在化

进入21世纪以来，随着互联网技术的普及和大数据时代的到来，很多国外图书馆专家在研究讨论后，提出了一个未来图书馆发展的全新理念——"泛在图书馆"。"泛在图书馆"是建立在任何用户在任何时间、任何地点、任何图书馆都可以获得任何信息资源的理论基础上的，图书馆界称这一理论为"5A"理论。而"泛在图书馆"则以此演变为"8A"理论，即任何服务主题的图书馆在任何时间、任何地点向服务客体的任何用户提供任何时期、任何类型、任何格式和任何语种的信息资源。其主要为实现图书馆服务的泛在化和无处不在的未来发展趋势，其致力于实现用户在哪里，图书馆的服务就在哪里的发展需要，从而配合现代文化教育的转型和发展。再说通俗一点，就是"泛在图书馆"理论应用到实践中后，会使用户无论在何时何地都可以获得图书的服务，甚至用户可能还没有意识到，就已经利用到了图书馆的资源或者得到了图书馆管理人员的帮助。

如今，"互联网+"模式的文化教育不再是趋势，而是现实，这就需要图书馆在为文化教育提供信息服务时更加高效、方便和快速，如果图书馆服务泛在化可以被运用到实践当中去，就能很好地解决这一问题。为说明这一点，我们以中国科学院文献情报中心的工作成果为例。该中心通过公共集成服务平台，将数字化文献资源和网络化信息服务推送到科研现场，使需要这些资源和服务的人员在实验室、野外场所、家里和办公室等地点都能随时随地获取信息和资料，实现了其提倡的"资源到所，服务到人"的服务模式。另一方面，该中心还通过开展面向研究所、办公室、课题组和个人的科学服务，实现提升科技自主创新的文献保障能力和科学情报服务能力。这也成为图书馆泛在化理论应用于实践的典范，为未来图书馆发展提供了一个很不错的参考方向。

图书馆工作网络化

图书馆工作，即图书馆活动的通畅是文化教育工作顺利进行的可靠保障。在文化教育工作快速网络化的今天，图书馆数字化是图书馆发展的必然结果，图书馆工作也必须随之转变传统的工作思路，调整自我的工作重心，以适应时代的发展需要。所以，图书馆网络化这一未来趋势势在必行，其主要是指图书馆的所有资源都可以通过网络来供读者查阅，图书馆的所有服务也可以通过网络获取，因为网络是全天候的，所以图书馆的服务也是"不打烊"的。因此，将图书馆的资源和服务不间断地通过网络提供给读者，是未来图书馆的一个重要实践方向。

未来图书馆要实现工作网络化也非一朝一夕的事情，其要实现资源和服务24小时"全在网上"至少要克服两方面的困难。第一，要在图书馆与图书馆之间进行深度整合，从而实现真正的资源共享。目前全国大大小小的图书馆众多，各有各的特点，各有各的优势，几乎没有图书馆可以囊括所有资源并提供所用服务，而在实现所有图书馆全部资源共享方面困难重重。但随着云服务的出现，这一难题可以得到解决，图书馆不论大小，都可以通过云平台连为一体，各自分工，开展资源建设和服务，实现每个图书馆都你中有我，我中有你，谁也离不开谁的目标。这就是未来图书馆工作网络化的目标之一。第二，通过实现图书馆参与数字化出版工作，从而创新信息资源生产过程。目前，图书馆工作还只是处于信息资源生产的下游，即只是提供信息资源服务的机构，但随着网络化程度越来越高，图书馆工作在网络环境中的开放存取实践活动越来越成熟，图书馆必将成为重要的信息资源数字出版机构，这也是未来图书馆发展的一个新业态。

图书馆资源数据化

大数据时代的到来，得益于数字技术的高速发展。现今，所有的资源都可以有数字化版本，所有的资源也都是某种格式的"数据"。这些庞大的数据需要一个专门的管理机构，而图书馆的系统就是这些数据最好的去处。统一管理这些数据也是未来图书馆的一个重要功能。

数据的管理不仅是指管理数据的组织、检索和提供，还应包括数据生命周期完整的过程。数据多元化不仅表现在数字资源的种类和格式繁多，而且表现为"数据化"和"关联数据化"，即机构化和语义化。随着图书馆逐渐成为更大数据网络的组成部分，目前的图书馆资源建设主要集中在捕捉和记录馆藏资源的描述性细节，而未来的图书馆需要转变到建立更多资源的关系和联系上来，让发现资源之间的关系重于发现资源本身，从而解决了困扰图书馆资源数字化建设的资源孤岛问题。这是一个烦琐的过程，需要时间和技术的双重支持。目前的状况对图书馆资源数据化还是有利的，图书馆中有很多资源可以数据化，如书目资源、规范资源、数据资源等，其中就包括目前重点关注的图书馆文献资源，这也是当前图书馆资源数字化的优先选项。这些资源通过利用关联数据技术发布为任意开放互联的关联数据，即图书馆数据关联数据化。为了更好地介绍这一理论，我们以北京大学刘兹恒教授的研究来说明。他以书目资源为目标，在图书馆的馆藏数据中，一本书就是一条记录，他说："如果我们把这本书揭示到章，那就相当于增加了101，如果细化到节，可能相当于102，如果再细化到知识元，就有可能是103或104。我们图书馆有的是MARC记录，我们可以把它变成XML格式，将字段析出为实体，进一步赋予语义，再变成一种新的格式，将其数据化发布到网上。"这可以说是图书馆资源数字化的一条路径，但支持这种转换方式的技术目前仍然不成熟，还需要进一步进行技术革新并接受时间的检验。但是，可以肯定的是，在未来图书馆的信息资源建设中，图书馆资源的关联数据化是一种大的趋势，是值得我们图书馆人期待和关注的。

图书馆功能智慧化

未来图书馆的功能与现在的图书馆相比，一定是截然不同的。尤其是在互联网技术高度普及的未来社会，正如马云所说："未来的30年将是互联网技术高度发展的30年。"所以我们可以充分想象，移动终端技术和智能穿戴技术将是高度发展的，各类信息感知技术、增强现实和大数据分析的大规模应用会使图书馆服务的智能化水平有一个质的飞跃。

目前，图书馆学界关于"智慧图书馆"提出了"书书相连""书人相连""人人相连"的核心要素。这就是说，在任何地点、任何时间，任何人都可以以任何方式来访问智慧图书馆。这是其同传统图书馆的根本区别，即个性化服务和智能交互能力。传统的图书馆服务是被动的、机械的，以单项信息交流为主，智能图书馆在信息交流方面不是简单地以设置的答案来应对读者的需求，而是像朋友一样，通过移动终端来为读者提供服务。

这样的智慧图书馆服务虽还在初步实践阶段，但已经被应用到了上海图书馆中。上海图书馆还在近期推出了最新版的手机APP，当安装了这个手机软件的读者途经阅览室时，阅览室不但会主动与读者打招呼，还会通过软件弹出提示，告知读者目前所在的楼层和所处的阅览室位置。更为创新的是，该软件软件还能在手机上快速定位读者所在的书架位置。在借书时，使用上海图书馆的APP，只要通过身份认证，就可在手机中生成一张二维码的读者证，其运用了当前流行的电子"会员卡"模式，这张读者证可以通过自助设备端认证使用。上海图书馆在智慧图书馆服务方面的创新实践也是未来图书馆功能智慧化的一个重要的发展趋势。

图书馆阅读移动化

随着通过移动终端阅读的人越来越多，电子书和数字化出版的发展也越来越快速。目前，将阅读限制于图书馆内的传统阅读模式在图书馆中仍然是主流，但有一个趋势是不容忽视的，即移动阅读将成为未来图书馆阅读的主要形式。

我们说这是一种趋势，并非空穴来风。当前人们获取信息和阅读的方式呈现出多渠道、移动化、社交化的特点。数字阅读正在逐步融入大众生活，虽说不能取代阅读纸质图书给人们带来的某些感受，但是其满足了任何人在任何时间、任何地点以任何方式获取任何内容的阅读需求，这一点可以说是传统阅读面临的最大挑战。从之前的在线阅读，到如今通过手机、平板电脑等移动终端阅读，许多图书馆在看到这一变化给读者带来的便利后，加大了在移动阅读方面的投入。依旧以上海图书馆为例，其近年来将为市民打造数字阅读的整合服务平台作为工作重点，并取得了在该平台上上传了近40万种中文电子图书、万余种网络文学、几千种中文报刊的成果，这些数字资源可以通过手机、平板电脑、电子阅读器等多种移动终端进入读者的视线。未来，越来越多的图书馆会在数字图书资源建设上选择这条道路，将阅读移动化发展成为未来图书馆的主要模式。

图书馆空间创意化

近年来,随着网络化、数字化时代的到来以及越来越多的图书资源数字化,为读者带来了便利,读者可以足不出户地阅读到需要的书籍,这使得到图书馆中阅读的人数急剧下降,传统图书馆面临着从未有过的困难。怎样才能使读者重新回到图书馆中阅读是目前所有图书馆人关心和思考的问题,也是未来一段时间人们应该思考的问题。由于传统图书馆资源、空间和服务是三位一体的,在剥离了图书馆资源之后,即图书馆资源大规模数字化、网络化后,图书馆空间对于证明图书馆存在的价值就变得越来越重要,这也是未来图书馆着重关注的另一个方向。

国内外图书馆也注意到了这一问题,所以提出了一种叫图书馆空间再造的理论,并且在实践方面已取得了很好的效果。从最初的信息共享空间到学习共享空间、研究共享空间,再到现在的创客空间,图书馆的空间再造实践从很多方面都给了图书馆新的定义,已隐隐有了未来图书馆的影子。同样是上海图书馆,其在图书馆空间再造方面,将信息共享和创新社区结合起来,强化学术创新支持和文化素养拓展,从而提升了图书馆的服务效能。从这些对图书馆空间再造理论的实践活动中可以看出,未来图书馆应该成为学术交流中心、文化传承中心和知识加工中心,这也为我们现在图书馆的转型提供了强有力的指引。

图书馆用户自主化

要想顺利地开展图书馆活动,图书馆的用户是不可缺少的重要一环,是图书馆生存与发展的基础,因为图书馆作为服务机构,必须要以用户为主。在互联网大时代到来之后,图书馆在转型和升级的过程中,要比以往更加注重和研究用户,包括用户的习惯、喜好,甚至是性格。只有以服务用户为图书馆的发展中心,才能在竞争如此激烈的环境中生存下来,不然,失去的不仅是图书馆赖以生存的用户,还有图书馆自身的存在价值。毫不夸张地说,用户就是未来图书馆发展的核心战略。

在传统的图书馆管理和服务体系中,图书馆怎样去引进和分配资源、怎样去服务用户都是由图书馆的管理者说了算的,很少能真正地以用户的意志来调整服务方向,只能是图书馆有什么资源,用户就看什么资源,图书馆提供什么样的服务,用户就被动地接受什么样的服务。但随着全国各地图书馆的数字化图书馆建设脚步加快和图书馆管理者办馆观念的转变,用户的需求和意志得到了响应，人性化的服务成为主流。近年来，各家图书馆都会根据读者决策来采购书籍，这就是对图书馆用户自主化理论的一个很好的实践。还有一个值得全国图书馆学习的例证，在内蒙古图书馆，开展了一项名为"我阅读，你买单，我的图书馆，我做主"的活动，这项活动旨在让读者成为图书馆真正的主人，这一尝试性的创举也为未来图书馆用户自主化提供了很好的参考。

图书馆工作规范化

每个行业都有自己的行业规范和标准，只有将规范和标准规范化、严格化才能使行业健康发展，图书馆作为一个服务行业也不例外，其工作是否规范化直接决定着图书馆活动能否顺利进行。这也是未来图书馆顺利发展的重要保障之一。

2008年，由国家标准化管理委员会批准，成立了图书馆行业专门的标准化组织——全国图书馆标准化技术委员会，这是图书馆发展史上的一个里程碑，其主要负责"图书馆管理、服务，图书馆古籍善本的定级、维修、保护，图书馆环境等领域标准化工作"。这也为图书馆未来的发展奠定了坚实的基础。除了制定和执行上述的各种图书馆标准之外，制定图书馆工作规范也是未来图书馆的一个趋势，也是需要我们图书馆人关注的工作方式。现在，无论是高校图书馆还是其他科学专业图书馆，甚至是新兴的数字出版图书馆，都将资源数字化列为工作的重中之重，所以新的资源加工规范和流程规范成为这项工作顺利进行的前提。高校系统中的CALIS和科研系统中的NSTL以及其他一些图书馆联盟也都在投入力量研制相关的标准和规范，以适应新形势下的图书馆工作的新需求。由此可以看出，我国图书馆标准化、规范化这一趋势已势在必行，这也将是未来图书馆工作中的一个重点建设工程。

图书馆馆藏仓储化

在互联网时代和大数据时代到来之前，纸质图书在图书馆馆藏中占据着绝对优势，传统的图书馆上架存取纸质图书的模式也在读者的阅读生活中有着不可替代的影响力。但随着互联网技术的普及和应用，这种传统的模式在读者阅读生活中的比例逐渐降低，且在图书馆的经济支出方面也和其利用率不成正比，无形中占用了很大一部分图书馆原本就不多的经费，这对图书馆的发展是不利的。但是如果一味地追求图书的数字化，而彻底放弃纸质图书，又将是对喜欢阅读纸质图书的读者的一种"暴行"，而且这也违背了图书馆建立的初衷。

大学图书馆要想让自己既与时俱进地发展图书资源数字化，又能兼顾纸质图书的文化传承，就需要从图书馆馆藏仓储方面着手。如美国的一些图书馆，已经在图书馆馆藏仓储化方面取得了一些进展，如果按照图书馆纸质图书的传统排架，只能容纳数量有限的纸质图书，但在采用了纸质图书的自动化仓储系统之后，就可以节省近百分之九十的图书馆空间，如此大的空间节省量不可谓不惊人。这种技术的应用，不但有效节省了图书馆的储存空间，还使用户存取图书更加方便，这是值得我们国内图书馆参考学习的，也是未来图书馆发展的一个必然趋势。

图书馆事业社会化

　　随着我国对文化教育事业越来越重视，国家的公共文化服务体系的建设也愈来愈完善，管理体制也越来越人性化。图书馆作为公共文化服务体系中的重要一环，其藏书的多样性满足了各类读者对图书馆服务的千差万别的需求。为更好地满足人民群众的阅读需求，图书馆事业就需要社会化，这也是未来图书馆事业发展的一个大方向。在这方面，我国的图书馆做了大量的实践工作。

　　本书第一章介绍的国家图书馆、上海图书馆、广州图书馆就是在图书馆事业社会化实践方面的翘楚。它们不但继续为人民群众提供"口味"不同的精神食粮，还成了所在地区的文化象征。除了这些大型图书馆，目前还有大量的社区图书馆如雨后春笋般出现在大众的视线中，承担着城市和乡村图书馆服务体系末梢的功能。正是这些或在街边，或在角落里的图书馆，为读者提供着不一样的服务。其背后都有行业的联合，如咖啡馆中的图书馆、超市角落里的自动借还书机器等，它们各司其职，为大众服务，为社会服务。

  图书馆最大的优势就是其特有的图书资源，而不是单纯地开展资源和读者之间的联系。在不远的将来，城市或区域在建设和完善信息资源及服务方面会得到进一步加强，这就会使图书馆独有的资源优势更加突出。因为互联网技术的普及应用，图书馆这个从前的"中间人"的作用已经越来越微弱，目前的信息服务商可以直接通过互联网来为用户提供信息服务，这种直面用户的服务模式是图书馆面临的最大挑战，因为一旦失去用户，图书馆就没有存在的价值了，更别提未来图书馆的建设了。因此，在一个城市或区域开展特色资源建设，是图书馆具备竞争力的地方，也是成本相对较低的一种方式。所以，图书馆事业社会化的核心要素就是在城市或地区内建设特色资源，将其发展成为图书馆发展的动力源泉，重视资源的采集、加工和整理工作，削弱外部资源联络功能，只有这样，才是未来图书馆的最佳定位。

图书馆建筑环保化

环保和节能是现在人们最关注的问题,"低碳生活""低碳出行""环保材料"等诸多关于环保和节能的词汇出现在人们的生活中。作为很多城市地标建筑的图书馆,必然会成为其他城市建筑争相效仿的对象。所以在是否环保和节能作为很多行业首选要素的未来,图书馆建筑的环保性和节能性是考验未来图书馆建筑是否合格的一个重要标志。

未来图书馆的建筑设计上要在继承现有图书馆建筑优点的基础上,顺应时代潮流,外部结构参考如新亚历山大图书馆的建筑设计风格,大胆采用节能环保材料,更多地利用太阳能等清洁能源。在内部设计方面,应更多地考虑利用低能耗、无辐射、无污染或少污染的材料,减少有毒材料的使用,这样可以为读者提供健康的阅读环境。而且这些材料的利用,可以改变传统的图书馆建筑模式和风格,如澳大利亚的一些图书馆使用真空玻璃作为图书馆的建筑材料,该材料在冬天时可以很好地避免室内的热量流失,在夏天时又可以阻止室外的热量进入,很好地替代了那些在目前的图书馆建筑中广泛使用的隔热材料,而且使图书馆建筑更美观。清华大学图书馆建筑采用了新型节能环保幕墙,具有节能环保、通风换气的功能,且保温和隔音效果也较从前有了很大的提升，为全国其他图书馆在未来的建筑设计上提供了很好的参照目标。

在图书馆建筑设计上，我们应一方面考虑使用新材料和新设计，另一方面考虑利用新能源，因为未来图书馆的建筑必然是建立在对新能源的广泛开发利用上和对环保材料的广范使用上的。只有这样，未来的图书馆建筑才能达到节能环保的建筑需要，并对其他城市建筑起到示范作用。

图书馆，作为人类精神食粮的储存站，从古到今，在人类的历史上都占据着重要的地位。在互联网时代来临的大背景下，图书馆要紧紧跟随时代的步伐，勇于创新，转变思想，积极寻求转型的方式和方法，我们有理由相信，在图书馆人的共同努力下，未来的图书馆一定会更加夺目，继续行使其继承和保存人类文明的职能，从而为我国的文化教育事业的转型升级铺平道路。

以上做出的关于未来图书馆的预测，都是笔者依照现代图书馆在互联网时代下或刚萌芽、或已经有了一定实践经验的技术措施而提出的，不是凭空想象，也不是自说自话。这些预测都是笔者根据多年的研究发现和参考国内外数字图书馆的发展和专家的研究成果得出的。但笔者水平有限，预测定有不周全之处，望感兴趣的读者可以在此基础上对未来图书馆做进一步的研究。

第四章

丝绸之路区域内的中国图书馆建设

第一节　中华人民共和国成立后丝绸之路区域内的图书馆建设

　　1949年10月1日，随着毛泽东主席在北京天安门城楼上向世界宣告，一个崭新的国家，一个伟大的社会主义国家，中华人民共和国成立了，我国的文化事业也迎来了发展的春天。图书馆，这个文化教育事业发展的保障者，也随着中华人民共和国的成立重获新生。在经过近百年的动荡后，中国人民重新迎来了安定的生活，文化事业也在这种良好的环境中新生，一大批优秀的作家和作品在中华人民共和国成立之初如春天的小草破土而出，图书馆也因此有了开展图书馆活动的基础。

　　在古老的丝绸之路地区，由于刚经历了解放战争，大部分城市百业待兴，为满足人民文化教育的需要，在政府的鼓励之下，图书馆事业开始出现蓬勃发展的态势。各省、自治区都建立了公共图书馆，如东北图书馆、张家口市图书馆等。不仅如此，各所高校、中学也建立了图书馆。图书馆的数量快速增长，图书馆活动日益活跃起来。人们的文化教育工作也由图书馆的繁荣而日益昌盛。在图书馆中接受新鲜的知识对于那个时代的人来说，是放眼看世界的最好方式，也是提高自身知识水平的主要方式。

在中华人民共和国成立之初，正是得益于这些图书馆和它们丰富馆藏的支持，土地改革和生产建设工作才能顺利进行，并由此开辟了诸如"毛泽东文库""鲁迅文库"等专藏，进而组织读者对这些先进的思想进行学习。很多图书馆在继续进行的解放战争中积极进行战地读书服务，这些活动受到了社会各界的一致好评，可以说，中华人民共和国成立之初的图书馆建设带动了文化教育事业的发展，为宣传马列主义和毛泽东思想提供了绝好的平台和资源。

西北丝绸之路地区的图书馆建设

随着中华人民共和国的成立，以西安、洛阳、敦煌、银川、兰州等主要城市组成的西北丝绸之路地区迎来了人民当家做主的时代，这一地区的各族人民终于可以呼吸自由的空气，终于可以有机会通过自身的努力来获得幸福生活了。因此，为了使西北丝绸之路地区各族人民更好地接受文化教育，图书馆加快了自身建设的步伐。不论是在建造新的图书馆方面，还是在向社会征集图书以丰富馆藏方面都做了大量的工作，尽了最大的努力。

西北丝绸之路地区的图书馆在中华人民共和国成立以前的艰辛历程在第二章中做了详细的介绍，这里就不再赘述。随着中华人民共和国成立和西北丝绸之路地区的解放，党中央极为关注本地区的图书馆建设，将其列为发展文化教育的重要举措之一。由于西北丝绸之路地区是少数民族的主要聚居区之一，所以在发展图书馆建设方面就需要制定一套适合当地人民的风俗习惯的图书馆活动策略。

由于西北丝绸之路地区的经济文化是我国经济文化建设体系当中的薄弱环节，这也是有地域经济和社会发展不发达、人口少且分散等客观原因存在的。所以，为使图书馆起到提高西北人民文化教育的作用，起到知识窗口的作用。党中央在研究了这一地区的形势之后，提出建立具有西北少数民族特色的图书馆的目标，以此建立具有少数民族特色的图书馆文化，从而为开展西北丝绸之路的文化教育工作和提高人民的文化水平打开一个突破口。这一高屋建瓴的指导性政策在几十年后的今天看来，是卓有成效的，使当地落后的文化教育事业有了质的提升，这也体现了当时共产党优秀的执政能力。而这些正确的方针政策还要归功于20世纪三四十年代，我党在处于西北丝绸之路地区的延安地区取得的成就。当时，党中央就要求在陕甘宁边区的所有县、区、乡、村建立图书馆，以起到统一思想、提高人民文化水平的作用，这也为今后我党取得抗日战争的胜利和取得全国政权打下了很好的基础，为中华人民共和国成立之后建设图书馆积攒了丰富的经验。

西北丝绸之路地区不仅在公共图书馆建设方面取得了耀眼的成就，在高校图书馆建设方面也没有落后。中华人民共和国成立后的第二年，地处西北丝绸之路起点的西安首先进入了高校图书馆建设的"蜜月期"，由于我国成立之初高科技人才极为短缺，再加上党中央一直以来都极其重视高等教育对人才的培养，一批新成立的大学开始建造自己的图书馆，原有的大学在原有馆藏的基础上继续积极开展图书馆活动，丰富馆藏。由于西北丝绸之路地区的高校众多，我们在此仅以西北大学为例，来说明在中华人民共和国成立之初的高校图书馆发展情况。

西北大学历史悠久，其建校史可追溯到清光绪年间，所以在中华人民共和国成立之初，其图书馆已经具有了丰富的馆藏。周恩来总理极为关心这座西北名校，亲自颁发政务院令，委任侯外庐为西北大学校长。也正是在这位校长的手中，西北大学的图书馆事业取得了巨大的成就，为西北丝绸之路地区的高校图书馆该怎样发展做了示范。侯外庐在来到西北大学后，极为重视图书馆的建设和改造工作，他深刻地意识到图书馆是高校教育和科研工作的重要基地，在高校开展文化工作方面有着举足轻重的作用。所以，通过侯外庐和西北大学师生的共同努力，西北大学在图书馆建设方面取得的成果和经验在中华人民共和国成立的初期就已经享誉全国了，在继承前辈图书馆建设思想的基础上，其主要是通过扩建图书馆、购买先进的图书馆设备、通过各种渠道扩充图书馆资源、大胆任用具有先进图书馆管理理念的人才等方式来建设西北大学图书馆，并提出了"一切为读者服务"这样超前的口号。而这些先进的理念也开创了中华人民共和国高校图书馆建设思想的先河，为西北丝绸之路地区乃至全国的高校图书馆的建设起到了指导作用。直到今天，侯外庐提出的很多思想理念，我们的高校在建设图书馆时还在沿用。可见，在中华人民共和国成立后，西北丝绸之路地区的高校图书馆在党中央的领导下取得了足以载入史册的成就。

尽管在中华人民共和国成立之初，西北丝绸之路地区的各项事业百废待兴，许多事业需要大量的人力物力支持，但这并没有影响该地区文化教育事业的发展。尤其是在图书馆建设方面，不论是公共图书馆还是高校图书馆，都得到了党中央和地方政府的优先扶持，这也保障了我国文化教育事业繁荣昌盛。

草原丝绸之路地区的图书馆建设

内蒙古自治区横跨我国东北、华北、西北，其狭长的行政区划也基本囊括了草原丝绸之路地区，由于其成立的时间要早于中华人民共和国的成立时间，所以该地区的图书馆建设要比全国很多地区先行一步。1947年，内蒙古自治区在中国共产党的领导下，在草原丝绸之路地区内的人民的见证下，于乌兰浩特市成立，后自治区政府又搬迁至张家口，最终落脚于呼和浩特市。这座古代草原丝绸之路的中心城市成了内蒙古自治区的政治、经济、文化中心，这个沉寂已久的狭长地带开始焕发出新时代下的荣光。

内蒙古自治区成立之初，党中央和自治区的领导就极为重视发展本地区的文化教育，并采取了许多措施来丰富人民群众的精神文化生活，这其中就包括建设图书馆和积极开展图书馆活动。由于内蒙古自治区是中华人民共和国的第一个民族自治区，草原丝绸之路地区自古以来就是多民族杂居的地区，所以该地区在发展文化教育的过程中具有特殊性。特别是在图书馆建设方面，不仅要发展汉文图书的馆藏，也要兼顾蒙古族等其他各族人民对自己本民族图书的需求，所以草原丝绸之路地区的图书馆发展，尤其是公共图书馆,在刚开始便制定了适合该地区发展的政策,这也体现了我党和领导人的执政智慧。

作为草原丝绸之路上历史最悠久的新式图书馆——内蒙古图书馆,其前身为清光绪年间创建的归化城图书馆,其在抗日战争时期曾被迁往张家口。内蒙古自治区成立后,利用原有馆藏成立了省立图书馆,继续在该地区开展文化活动。在内蒙古自治区成立10周年之际,原图书馆搬迁至新址,内蒙古自治区图书馆得以正式命名,内蒙古自治区党和政府的领导还出席了内蒙古自治区图书馆建立的剪彩仪式。在这10年间,由内蒙古自治区图书馆的发展历程可以看出,虽然那时物资短缺,人民的生活还徘徊在温饱的边缘,但是草原丝绸之路地区的文化教育事业并未受到影响,反而在党和政府的关怀下快速发展起来,还在发展的过程中充分发扬了地域和民族文化特色,这从其馆藏的侧重点中可见一二。

不仅草原丝绸之路地区的公共图书馆有了快速发展,这一地区的高校图书馆也不甘落后。我们以内蒙古农业大学图书馆为例来说明。这里是笔者工作的地方,所以笔者对其的发展很熟悉。而且内蒙古自治区处于农牧地区,内蒙古农业大学为自治区和全国培养出了许多优秀的农牧业方面的人才,在农业和牧业并行发展的草原丝绸之路地区具有代表性。

内蒙古农业大学成立于1952年,其原名为内蒙古畜牧兽医学院,后更名为内蒙古农牧学院,其图书馆自建校伊始就成立了。

直到20世纪末才由内蒙古农牧学院和内蒙古林学院合并组建内蒙古农业大学，两校图书馆也相应合并为新的内蒙古农业大学图书馆。为配合学校以培养草原丝绸之路地区所需要的农牧业人才的战略目标，内蒙古农业大学图书馆侧重于收藏农牧业科学方面的书籍，在改革开放之前，一直是内蒙古自治区内收藏农牧业图书资源最丰富的图书馆之一，这也为内蒙古农业大学培养出一批具有专业知识理论的人才打下了坚实的基础。这些人才为草原丝绸之路地区的农牧业的发展做出了巨大的贡献，不能不说这其中就有内蒙古农业大学图书馆的功劳。内蒙古农业大学图书馆始终面向教学和科研的办馆理念也为全校教学科研和人才培养起到了重要的保障作用。所以，草原丝绸之路地区高校图书馆的发展为中华人民共和国在农牧业方面的建设提供了有力的支持。

草原丝绸之路地区的文化教育事业之所以能够在中华人民共和国成立后飞速发展，离不开图书馆的帮助。

西南丝绸之路地区的图书馆建设

虽然我国西南地区解放的时间较中华人民共和国成立的时间晚一些，但西南丝绸之路地区的文化教育事业并没有因此而落后于其他地区。在党和政府的关心和帮助下，为了加速发展西南丝绸之路地区的教育事业，党和政府对包括图书馆事业在内的文化教育事业进行了全面改革。改革的重点是在发扬西南丝绸之路地区的地域文化特色和鲜明的民族特色的基础上，推动文化教育的进步。

与草原丝绸之路地区相似的是，西南丝绸之路地区自古就是我国少数民族的聚居地，大约有50个不同的民族生活在这里，这些民族在与其他民族的交流中，不免会发生文化的碰撞与融合，而这样大规模的文化交流为这一地区带来了独特的地域文化和民族文化，这也为图书馆馆藏的建设提供了十分重要的发展方向。西南地区与众不同的民俗民风，造就了多姿多彩的西南文化，这与西南地区各民族的习俗、宗教信仰、艺术以及悠久的历史是紧密相连的，这从西南丝绸之路地区的图书馆馆藏种类和图书馆开展的活动内容中便可知晓。

丰富的地域特色和民族特色在西南丝绸之路地区公共图书馆的馆藏建设中占有十分重要的位置，很多图书馆以此开展图书馆活动的核心主题。在中华人民共和国建立的初期，有些新建立的公共图书馆，就已经将有关本地区民族特性的文献收藏工作列入图书馆馆藏建设的重点目标和发展方向，并深入少数民族居住区进行有针对性的搜集图书工作。这在一定程度上建立起了各具特色的少数民族文献收藏体系，使得西南丝绸之路地区图书馆在少数民族文献馆藏方面的经验在日后被全国各少数民族地区的图书馆借鉴和效仿。在此，笔者以西南丝绸之路的中心——位于成都市的四川省图书馆为例。

　　成都解放后,党和政府对天府之国极为重视,尤其重视发展该地区的文化事业,在建设四川省图书馆的过程中,着重加强对图书馆的领导,其中刚建立的四川省立图书馆直接由当时的川西文教厅领导,可见党和政府对西南部地区图书馆事业的重视情况。党和政府为四川省立图书馆制定了一系列适合其自身发展的政策,其中就包括要发展少数民族文献馆藏。这使得四川省图书馆担负着保存、管理和提供各类书刊文献及为地方科研生产和广大人民群众服务的双重任务,在发展的过程中不再局限于传统图书馆的职能,其也成为四川省图书馆学、情报学研究和交流的中心。这也为西南丝绸之路地区的其他图书馆发展起到了指示作用,使这一地区的图书馆建设始终处于全国的前列,四川省图书馆也成为全国十大图书馆之一。

　　在西南丝绸之路地区公共图书馆如火如荼的发展过程中,高校图书馆也随之发展起来,并承担着为西南地区培养更多优秀人才的重任。中华人民共和国成立后,四川大学图书馆在经过一系列的内部调整后,在党和政府的领导和关怀下,经过不懈的努力,得以快速发展,为四川大学的学术研究和知识传播提供了有力的保障,也为中华人民共和国初期的社会主义建设提供着源源不断的知识能力和人才血液。四川大学图书馆只是西南丝绸之路地区众多高校图书馆的一个缩影,这条古老的丝绸之路上的图书馆继续作为我国的大后方,为中华人民共和国提供着所需的能量，也为保护和传承西南地区的民族文化做出了巨大的贡献。

西南丝绸之路地区图书馆的建设虽然晚于中华人民共和国成立的时间，但其在图书馆建设方面丝毫没有落后。为建设成社会主义的公共图书馆和高校图书馆，在党和政府的领导下，西南丝绸之路地区的人民付出了很多汗水和智慧，使得这片沃土重新焕发出生机，使得民族文化得到传承和发扬。这充分说明图书馆建设是民族文化构建的重要基石。

海上丝绸之路地区的图书馆建设

海上丝绸之路地区在中华人民共和国成立后依旧是我国的经济和文化发展的前沿阵地，为建设中华人民共和国培养出了许多科学家、作家和劳模，这离不开党和政府对这一地区文化事业的建设，其中自然也包括对图书馆的建设。为满足建设社会主义社会的需要，为统一海上丝绸之路地区人民的思想，首先就要求图书馆可以提供给这一地区人民学习先进文化理念的书籍，所以在解放了海上丝绸之路地区之后，该地区公共图书馆和高校图书馆的建设就成了发展文化事业的先决条件。

由于优越的地理位置和自古以来深厚的文化氛围，中华人民共和国成立之初，海上丝绸之路地区的文化教育事业就已经很发达了,在党和政府制定的文化发展政策的鼓励下,该地区的文化教育有了长足的进步。作为近现代以前藏书楼数量最多,藏书最丰富的区域,就图书馆建设而言,基于海上丝绸之路地区丰富的古代文献资源,其馆藏的主要发展方向也以收藏古代文献为主。在国民党败退台湾后,以南京的图书馆为主的多地图书馆留下了大量民国时期的文献资料,有些资料具有珍贵的研究价值,这也是海上丝绸之路地区图书馆馆藏的一大特色。

中华人民共和国成立以后,特别是在百万雄师过大江,以南京为中心的海上丝绸之路地区逐渐解放后,为更好地开展该地区的文化教育事业,党和政府十分重视图书馆的建设。其中,作为民国时期馆藏十分丰富的南京图书馆首先受到了关照。1950年,原南京中央图书馆奉中央文化部令,正名为国立南京图书馆,由文化部文物局和华东军政委员会文化部双重领导,这也说明了党和政府对图书馆建设是极为重视的。在南京解放时,由于国民党政府仓皇逃窜,除少部分南京图书馆的藏书被运往台湾外,大部分保留了下来,这也是国立南京图书馆最初的馆藏基础。后来,其又通过多种途径购得许多古代文献,如1952年起陆续接收原苏南文管会调拨的线装书就达数十万册,而从私人藏书家手中购得的图书也不在少数,其中就有朱希祖遗书与顾氏过云楼藏书等著名藏书楼的藏书。南京图书馆在中华人民共和国成立之初的购书活动不仅丰富了公共图书馆的馆藏,而且使这些原本束之高阁的古籍文献重见天日,可以被更多的人阅览。海上丝绸之路地区的其他图书馆也争相效仿南京图书馆的这些藏书措施,这也为这一地区的文化保存起到了积极的作用。在中华人民共和国成立之初,许多原国民党政府机关、团体及中央政治学校所存的文献被南京图书馆收藏,使得南京图书馆藏有70余万册民国文献,包括民国时期的图书40万余册、期刊近万种、报纸千余种,这也使其成为保存民国文献资料最为完整的省级公共图书馆之一。以南京为中心的海上丝绸之路地区的公共图书馆在中华人民共和国成立的初期为共和国的文化教育做出了巨大的贡献,为全国的图书馆建设指明了一条路。

书院藏书是海上丝绸之路地区的一大藏书事业,书院的繁荣也为这一地区带来了几百年的文化鼎盛。书院在进入近现代后逐渐过渡为高等学校,高校的兴盛继续为海上丝绸之路地区培养着大量的优秀人才,在中华人民共和国成立以后,高校所担负的培养栋梁之才的责任愈加凸显。我们以拥有悠久历史的南京大学图书馆为例来说明海上丝绸之路地区的高校图书馆在中华人民共和国成立初期的发展历程。

南京大学图书馆的前身为清政府创办的三江师范学堂的藏书楼,当时的藏书楼汇集了中外书籍和各种图册,以供师生浏览和学习先进的文化知识。1952年,南京学区院系调整,金陵大学图书馆文理科藏书并入南京大学,调整后的南京大学图书馆有藏书73万余册,南京大学以此为基础开展图书馆活动。其利用海上丝绸之路地区多古籍文献的特点,积极收藏古籍文献,坚持奉行对古籍文献进行专业学术研究的变藏为用策略，最终成为首批全国古籍重点保护单位。这也为海上丝绸之路地区的高校图书馆建设，特别是馆藏建设提供了一个选择方向。也正是基于高校图书馆积极地开展图书馆活动，对古籍文献进行大力研究，于中华人民共和国成立之初就培养出了一批专业的古籍文献研究人员，对传承中国传统文化做出了不可磨灭的贡献。

海上丝绸之路地区的图书馆在中华人民共和国成立之后快速发展，这其中有社会稳定的因素，同时也要归功于我国先进的社会制度和我党的执政智慧。党和政府制定的文化发展政策很好地发挥了这一地区的文化资源优势，也使图书馆的发展有了着力点，为培养建设社会主义社会的优秀人才奠定了基础。

第二节　改革开放以来丝绸之路区域内的图书馆事业

1978年，党的十一届三中全会必定是要被世人铭记的，自此中国进入全面快速发展的新时期，伴随着文化事业突飞猛进地发展，图书馆事业也迎来了自中华人民共和国成立以来的又一个春天。随着全面的改革开放，人民的物质生活得到极大的丰富，这使得人民对精神文化的需求日益迫切，也对文化事业的发展提出了更高的要求。为了使人民日益增长的精神需求与物质需求相匹配，党和政府对文化更加重视，并制定了一系列鼓励文化事业发展的政策，这其中就有专门针对我国公共图书馆和高校图书馆事业发展的政策。

对于发展公共图书馆我国有着完整的理论体系和大量的实践经验，随着改革开放的到来，党和政府更加意识到发展公共图书馆对满足人民精神生活和提高人民文化水平的重要性。其对公共图书馆的重视程度主要体现在以下几个方面：第一，国家加大了对公共图书馆建设的投入，改革开放后的十多年间，公共图书馆经费的增长率每年都处于很高的水平，甚至超过了国家财政收入的年增长率，可见政府对发展图书馆事业和文化事业的决心之大；第二，改革开放以来，有关部门还专门对图书馆的工作人员制定了职称评定制度和培训制度，这使得图书馆工作人员的素质得到提升、在开展图书馆活动时更加专业合理，这也为图书馆今后的发展打下了人才基础；第三，在国家层面上制度了一系列图书馆专业技术标准，例如被图书馆情报学界视为行业分类标准的《中国图书馆分类法》，这些专业技术标准的制定使得我国的图书馆工作更加标准化和科学化。从改革开放到21世纪最初的10年间，公共图书馆正是基于党和政府不遗余力的支持才有了今天耀眼的成就，从而使图书馆事业进入一个快速发展阶段。

由于高校是培养高素质人才的场所，所以国家很重视发展高校的文化教育，进而将能否发展好高校图书馆作为先决条件。在发展高校图书馆方面，党和政府确立了将高校的图书馆学作为一门重点学科来建设，这在一定程度上不仅加强了图书馆事业的发展，还为培养更多的图书馆方面的专业人才做出了贡献，并且在一定范围内使图书馆学这门独立的学科渐渐被人们熟知和接受。接着，党和政府按照高校的占地面积为图书馆的建筑面积及规模提供了规划，这为高校图书馆发展提供了物质支持，使得高校图书馆的发展再无后顾之忧。并且，在图书馆的管理方面，党和政府积极出台了一系列适合图书馆发展需要的条例和法规，这使得图书馆活动朝着规范化和法制化的道路上又迈进了一大步，并在21世纪初期涌现出了一些能够跻身世界前列的高校图书馆。这些积极的政策和导向还要归功于改革开放，这也使得我国的莘莘学子在高校图书馆的发展中能更好地增强自身实力，成为改革开放时代的弄潮儿。

西北丝绸之路地区的图书馆发展

改革开放以来，中国这个文明古国又一次开始与西方世界产生联系，人民的思想在这种东西方文化的激烈碰撞中慢慢变化。对于身处西北丝绸之路地区的人们来说，这种变化更加凸显。虽然没有沿海地区率先与世界接触的地理优势，但随着中国逐步全球化，西北丝绸之路地区在各个方面都开始与世界接轨，这使该地区的人民有了重新认识这个世界的机会，丰富多样的物质生活稍大和外来文化冲击着人们的思想，人们的生活随之发生了翻天覆地的变化，这种变化尤其表现在文化事业方面。图书馆作为文化事业的基础，在改革开放中的发展步伐更大，发展速度也更快，这为图书馆文化带来了新鲜血液，图书馆事业也在西北丝绸之路地区有了新的发展方向。

西北丝绸之路地区的图书馆事业在接受了图书馆创新思想的洗礼后,在党和政府的帮助下,在充分吸收先进图书馆办馆理念的基础上,开创了一套具有中国特色的图书馆发展理论体系。这套理论体系结合了西北丝绸之路所在区域内独特的文化特征,以丰富民族文献收藏和利用为核心,并以少量的人力和财力投入来建设新形势下迫切需求的图书馆。这在改革开放初期很好地为处于社会主义初级阶段的图书馆事业建立了新的藏书理念和管理服务理念,为20世纪末和21世纪腾飞的图书馆事业打下了坚实的基础。

十一届三中全会以后,在党和国家的重点扶持下,西北丝绸之路地区的经济摆脱了故步自封的发展理念,开始快速接受世界先进的发展思想,积极引进国外先进的技术来提高该地区的生产力。图书馆事业也不例外,西北丝绸之路途径的陕西地区在改革开放初期为加快发展全省的文化事业,提出了"县县有图书馆"的发展目标,并在几年后实现了这一目标,甚至在许多乡镇都建立了规模不一的图书馆,公共图书馆的数量飞速增长,图书馆的办馆条件也在此期间有了较大改善。这对于相对沿海地区欠发达的西北地区来说已是一个了不起的成就了,并且这一地区公共图书馆的发展也呈现出网络状,覆盖区域越来越广,这对提高西北丝绸之路地区人们的文化素质起到了不可估量的作用。这些都是公共图书馆为满足人民的精神食粮而积极学习国外先进的办馆理念并寻求自身变革、创新导致的,为公共图书馆蓬勃发展铺平了道路。古代西北丝绸之路途经的新疆和古代丝绸之路一样,随着改革春风,它们都迎来了新的生机。新疆作为西北丝绸之路地区重要的少数民族聚居区,其文化具有多元化的特征,多种文明在这里碰撞、融合,使这一地区的文化教育呈现出百花齐放的场面。但是由于新疆地区地理位置的限制,经济发展相对滞后,在改革开放初期,这里的大部分人民文化教育程度并不高,信息传播意识也很薄弱,这使得新疆培养的人才数量不能满足本地区各方面建设的需要,从而在很大程度上制约了新疆的经济发展。党和政府深知解决这一根本性的问题已迫在眉睫,所以在20世纪80年代积极发展公共图书馆,完善公共图书馆的办馆条件,通过公共图书馆中囤积的资源来为新疆培养大量的人才,从而更好地建设西北丝绸之路地区,进而提高公民的文化素质。也正是由于党和政府制定的这些积极的政策以及受惠于国家层面对文化教育事业的鼓励措施,西北丝绸之路地区的少数民族地区的公共图书馆才有了如此大的成就。所以,改革开放以来,西北丝绸之路地区的公共图书馆事业在党和政府的共同努力下有了质的飞跃,大量高素质人才涌现也与公共图书馆的发展有着紧密的联系。

改革开放后,西北丝绸之路地区的高校在经过中华人民共和国成立以后的一段曲折发展阶段后,进入了蓬勃发展的时期,高校的图书馆事业也不例外,并且取得了一系列令人瞩目的成就。这一地区大部分高校图书馆在过去的基础之上迅速发展起来,在之后的30年中不断新建和扩大图书馆的建筑规模和馆藏规模，极大地丰富了高校图书馆的馆藏，为社会培养出大量的优秀人才提供了助力。在西北丝绸之路地区，由于高校浓厚的学术氛围，使得高校图书馆与公共图书馆有了较大的区别，高校在发展图书馆学的基础上，将研究成果很好地运用到实践当中去，让图书馆馆藏最大限度地服务于学术研究，敢于使用先进的科学技术来变革图书馆事业，从而使得高校图书馆的数字化程度走在了本地区大部分公共图书馆的前面。当然，这些成就离不开党和政府在改革开放以来对高校图书馆的大力扶持，也正是因为党和政府不论在制定鼓励政策还是在投入不菲的资金上，都不遗余力地支持高校图书馆建设，才造就了一批如西北大学图书馆、西安交通大学图书馆等著名高校图书馆，这些高校也是西北丝绸之路地区优秀人才的主要输出地，可见发展高校图书馆对人才的培养、高校的文化建设都有着无可替代的作用。

西北丝绸之路的振兴离不开西北丝绸之路地区对文化事业的支持，文化事业的腾飞离不开高素质人才的大量涌现，而这些都要依托高校图书馆来完成。所以，发展好西北丝绸之路地区的高校图书馆，就是发展好西北丝绸之路地区的关键一步。

草原丝绸之路地区的图书馆发展

当改革开放的春风吹来时，地域辽阔的草原丝绸之路地区如初春的小草破土而出，茁壮成长。改革开放初期，全国都把经济建设摆在了首位，国民的生活水平不断提高。在囊括了大部分草原丝绸之路区域的内蒙古自治区，在党和政府的群策群力下，自治区政府不仅重视经济发展，还将文化教育建设与经济建设摆到了同等重要的位置，这可以体现出当时内蒙古自治区的党政领导的高瞻远瞩。也因为这样的定位，使得草原丝绸之路地区的文化建设与经济建设共同向前推进，随着该地区物质基础的逐渐丰富，文化教育水平也稳步提升，这其中就包括图书馆文化的迅速提高。这些成就也为草原丝绸之路地区的腾飞提供了源源不断的动力。

在中华人民共和国成立以前，草原丝绸之路地区因为地理位置的限制，没有现代意义的文化艺术事业。在经过中华人民共和国初期的发展，特别是在党的十一届三中全会以后，草原丝绸之路地区的现代民族文化艺术事业形成了比较完整的体系，这也促进了图书馆文化的进一步发展，图书馆馆藏不论在种类还是数量上都得到了极大丰富，图书馆的活动也日趋频繁，这为该地区其他文化事业的发展提供了便利条件。从一个数据可以说明这一点，以占据草原丝绸之路绝大部分的内蒙古自治区为例，从20世纪80年代初到21世纪的头10年，内蒙古自治区的各文化艺术门类有近200个创作剧节目在国内外艺术比赛中获奖近400项，获奖数量和名次位居我国5个少数民族自治区之首，这也从侧面说明了草原丝绸之路地区文化发展所起到的作用。

改革开放以来，社会的文化事业得到快速发展，尤其是以公共图书馆和高校图书馆为代表的公共资源建设已形成网络状，极大地覆盖了广阔的草原丝绸之路地区，为这一地区人民开展文化活动提供了物质基础。也正是由于公共图书馆的发展，促进了以内蒙古自治区为代表的草原丝绸之路地区可以顺利地开展如文化信息资源共享工程、民族民间文化保护工程、送书下乡工程等一系列社会文化工程。也正是基于图书馆可以为草原丝绸之路地区提供其所需的各种丰富的文化资源，21世纪之初，内蒙古自治区党委、政府明确提出要构建以文化旅游、新闻出版、文博会展等文化产业为重点的文化产业体系，使得文化产业的增长速度高于GDP增长速度，成为内蒙古经济发展的支柱产业。文化事业成为一个地区的支柱性产业，这在以前的草原丝绸之路地区是不敢想象的，这也间接地说明了草原丝绸之路地区的党和政府对文化事业的重视程度和人民对文化事业发展的渴求程度。

十一届三中全会以后，草原丝绸之路地区的党和政府积极响应中央关于发展文化事业发展的政策，大力发展包括公共图书馆事业在内的文化事业，并取得了巨大的成果。以内蒙古自治区为例，内蒙古自治区的公共图书馆继承和坚持走具有民族特色的办馆之路，结合本地区的特点，积极为各个民族的读者服务，进而形成了具有民族特色和地域特色的藏书体系。在21世纪前后，内蒙古的公共图书馆为使民众能更便捷地享受到阅读的乐趣，开启了将公共图书馆发展到社区的模式，如内蒙古自治区图书馆，在呼和浩特市的很多社区和学校内设有分馆，来解决这些社区和学校的人民的精神食粮需求，这在很大程度上满足了草原丝绸之路地区人民日益增长的文化需求，并为提升人民的整体文化水平做出了贡献，进而为开展其他文化活动奠定了基础。值得一提的是，内蒙古自治区的公共图书馆在科研方面也取得了一些成就，伴随着全世界图书馆的变藏为用和资源数字化等方向的积极转型，内蒙古自治区的公共图书馆也没有故步自封，积极学习和吸收新技术、新成果。早在20世纪80年代就开始研究少数民族文献的数字化技术，并建立了少数民族文献的数据库，这在当时那个计算机还没有普及的年代是很超前的事情。事实也证明，这些超前的研究和对新技术的大胆运用对内蒙古自治区公共图书馆之后的发展助力很大，为草原丝绸之路地区其他文化事业运用新技术和新科技上有很好的示范作用。

　　与公共图书馆事业的飞速发展相比，草原丝绸之路地区的高校图书馆事业的发展也不甘落后。在全国恢复高考之后，草原丝绸之路地区的高校建设也伴随着之后的改革开放的浪潮稳步向前推进。不论是在图书馆馆舍面积上,还是在文献资源和服务领域方面,都有了极大的提升。如笔者所在的内蒙古农业大学,其图书馆在建校之初占地只有1500平方米,到了21世纪之初,内蒙古农业大学图书馆的占地面积已是建校之初的近18倍。在文献资源的建设方面,各大高校使出浑身解数,积极转型。各大高校都建立了自己的图书数据库,并根据自身特色建立独立的数据中心,从而更好地进行藏书资源建设,使这一地区的高校图书馆成了具有鲜明民族和地域特点的文献资源中心。如内蒙古农业大学以农业学和畜牧业等自身优势学科为基础,已建立了以农业和畜牧为主的资源建设体系,这样的资源体系可以为这些学科发展提供更好的服务,从而为草原丝绸之路地区培养更多优秀的人才。在服务领域方面,草原丝绸之路地区的各大高校在改革开放之后,已从传统的以藏书为中心的服务模式发展到以读者为中心、服务多元化的服务模式,使得馆藏资源得到了更有效的利用,使得这些高校的学生可以更加快速地得到自己需要的图书资源,这也为学生综合素质的提高做出了一份贡献,进而使草原丝绸之路地区能够培养出更多的人才。

西南丝绸之路地区的图书馆发展

　　改革开放之初，西南丝绸之路地区由于综合因素的影响，经济文化发展相对滞后，这严重影响了该地区图书馆事业的发展水平，西南丝绸之路地区人民的精神文化生活也相对单一落后。在这种严峻的形势下，为了贯彻落实好中央制定的有关文化振兴的战略目标，党和政府迎难而上，在加大解放思想、大搞经济建设的基础上，借助西南丝绸之路地区深厚的文化底蕴，大力发展文化产业，这其中就包括全力建设好公共图书馆和高校图书馆。经过近30年的发展，西南丝绸之路地区的文化教育工作取得了令人瞩目的成就，图书馆事业也一日千里，不论是在数量、建筑面积上，还是在馆藏资源上，都取得了长足的进步。伴随着西南丝绸之路地区图书馆网络化发展，该地区人民的精神文化生活也日益丰富和活跃起来，这块曾经的文化宝地又重现几百年前的辉煌。其背后是西南人民永不停歇的提升文化素质的步伐，还有党和政府在图书馆建设上不吝惜投入。在这样的大环境下，西南丝绸之路地区建立起了多元化文化体系，党和政府积极推进文化体制改革，将文化产业逐步融入国民经济的各个领域，贯彻落实好中央有关于将文化产业建设成为新的经济增长点的战略目标，图书馆事业活动在这样的背景下日益活跃，与人民的生活紧密联系在了一起。

公共图书馆一直是西南丝绸之路地区重点建设的文化工程之一，其与当地的诸如"全国文化信息资源共享工程""送书下乡工程"等许多国家工程和民生项目紧密相连，使得图书馆在文化发展中的地位日趋重要，这又反过来优化了公共图书馆的办馆条件和基础设施。可以说，正是由于改革开放，西南丝绸之路地区的图书馆事业开始了真正的腾飞。而作为主要培育人才的高等院校，其图书馆发展也是党和政府重点关注的对象。改革开放以来，特别是进入20世纪90年代以后，图书馆成了各大高校重点建设的对象，其在教学科研、提高和增加学生的素质和见识上发挥的作用越来越凸显，高校图书馆也利用这一黄金发展时期，开始了跨越式的发展。到了21世纪第一个十年末时，有多所高校的图书馆成为全国知名的高校图书馆。可见，高校图书馆的发展在改革开放后所取得的成就也是巨大的，在西南丝绸之路地区的文化事业史上是可以大书特书的。

公共图书馆以社会效益为主，经济效益为次，主要是为满足人民的精神生活服务的，所以需要政府投入大量的资金来维持公共图书馆的正常活动。以西南丝绸之路地区的核心区域四川省为例，改革开放之初，四川省很多地区的公共图书馆在资金投入上差距比较大，这就使得这些地区的文化事业发展出现不平衡现象，一些地区的图书馆甚至没有足够的资金来增加必要的馆藏。

但随着改革开放的深入，图书馆事业被各级政府重视起来，到了21世纪初期，四川省各地区的公共图书馆的差距明显缩小，各地图书馆的馆藏有了飞跃式的增长，公共图书馆中很多都使用了数字技术，政府财政对图书馆的资金投入也在逐年增加。这些现象都是西南丝绸之路地区公共图书馆有了长足进步的最好佐证。不仅如此，在培养高素质的图书馆人才方面，四川省也定期开展人员培训，转变图书馆管理理念，不断改革创新，使得以四川省图书馆为代表的公共图书馆走在了全国公共图书馆的前列。西南丝绸之路地区的很多图书馆也和四川地区一样，在改革开放的大环境下，大胆改革创新，迎来了中华人民共和国成立后的又一个黄金发展期。

西南丝绸之路地区的高校图书馆自改革开放以来，取得了不俗的成绩。为了加强和提升图书馆在高校中的地位，政府和高校领导层采取了很多积极的措施。例如，四川省在20世纪80年代末就建立了省高校图书情报委员会，用以统筹和协调全省高校图书馆的情报工作，在政府的层面专门为高校图书馆建立这样的机构，可见党和政府发展高校图书馆事业的决心之大。为了使高校图书馆的各项工作全面提高，由四川省教育委员会的领导和省图情工委具体负责组织实施对全省所有高校图书馆的评估工作，以求发现高校图书馆在发展中存在的问题，并对症下药，为高校图书馆的高速发展铺平了道路。正是在省一级部门的直接领导下，高校图书馆完善了图书信息一体化建设，适应改革开放以后市场经济和图书文化的新需要；坚持以为教学科研服务的办馆理念，进一步提升了办馆水平和服务质量，为高校培养出更多高素质的人才贡献着自己的力量。并且，这样的管理也为高校图书馆带来了充足的经费支持，没有了后顾之忧，各大高校不仅扩建了自己的图书馆，提升图书馆的办馆条件，而且还大大增加了图书馆的馆藏，为高校的科研活动解决了信息资源短缺的问题。四川省作为西南丝绸之路地区的核心区域，其图书馆文化建设具有较强的代表性。事实证明，也正是四川省高校图书馆取得的成果使得西南丝绸之路地区中的其他省市先后相仿，并取得了很好的效果。

海上丝绸之路地区的图书馆发展

如果说改革开放是中华民族走向富强的一个新起点，那么海上丝绸之路地区就可以说是整个中国享受改革开放红利最多的区域。由于超级优越的地理位置和几千年积累下的深厚的文化底蕴，使得海上丝绸之路地区的经济和文化在改革开放之初迅猛发展起来，将我国内陆地区远远甩在身后。改革开放的根本目标是全面对外开放，使人民的生活水平有一个质的提升。也是得益于党和政府的英明决策，海上丝绸之路重现往日的辉煌，国外的先进科学技术和先进思想涌入中国，最先惠及的区域就是海上丝绸之路地区。这一地区的大部分港口重现繁荣，贸易往来也越来越常态化，经济开始大跨步地发展起来，同时带动的还有文化领域的极速前进。改革开放的头十年中，由于中国传统文化和西方文化在海上丝绸之路地区的激烈碰撞，使得文化开启了大繁荣时代，随之而来的是图书馆事业的革新和转型。为了更好地为海上丝绸之路地区的人民服务，并为培养更多的新时代人才打好根基，图书馆事业全方位的转型和升级已迫在眉睫。党和政府在大力发展经济的同时，也深知其中的利害，所以在图书馆事业的建设方面下了大力气，在财政并不富裕的情况下投入了大量的资金建设图书馆的基础设施和增加馆藏，海上丝绸之路地区的图书馆也和整个中国一样在改革开放之初摸索前进，虽磕磕绊绊，但也取得了长足的进步。

进入21世纪以后，海上丝绸之路地区图书馆事业的现代化建设脚步加快。也正是基于可以更早地接触到新技术、新思想，不论是公共图书馆还是高校图书馆，在图书馆馆藏种类的变化、管理理念的转变和新技术的运用上都有了飞速的发展。数字技术被更加广泛地应用到公共图书馆和高校图书馆的各个领域，以往以图书为核心的图书馆活动理念也逐渐被以读者为中心的图书馆服务理念所取代，图书馆的馆藏种类也越来越多元化，不仅坚持了以往收藏古籍文献的馆藏特色，还收藏了更多具有西方先进技术和思想的书籍。这也为海上丝绸之路地区的人民的精神生活提供了更加多样的选择。

由于海上丝绸之路地区所覆盖的区域极其广阔，与其他三个丝绸之路地区不同，单以一个省份的图书馆为例，不能代表这一广阔区域的图书馆在改革开放中的发展历程。所以，笔者为使读者更好地了解这一地区内的图书馆发展历程，以东部的浙江的公共图书馆和南部的广东的公共图书馆为例，来对海上丝绸之路地区图书馆的发展做更好的说明。

改革开放以后，浙江的公共图书馆随着文化改革的深入进入了有史以来最好的发展时期，浙江省的公共图书馆数量和馆藏数量不断扩大，在不长的时间内藏书上万册的图书馆就有上千所之多，而且分布范围广布浙江各个市县，从这样的发展规模也可以看出当时浙江省文化氛围有多么浓厚。不仅如此，得益于改革开放带来的国外先进的图书馆技术，在20世纪末，浙江省公共图书馆的管理就开始趋于自动化，并开始着手发展图书馆资源数字化，图书馆基础建设得到很大程度的改善。再加上党和政府为浙江的公共图书馆制定了一系列行之有效的发展规划以及政府对公共图书馆的建设投入了大笔资金，浙江的公共图书馆在古籍文献的数字化和丰富读者需要的馆藏种类上游刃有余，走在了全国公共图书馆的前列。

在中国南部的广东省，由于得天独厚的地理优势，在改革开放之初，其公共图书馆事业也有了长足的发展。广东省在对外开放之初就将公共图书馆定位为公益性项目和为城市建设提供智力支持的所在。有了这个定位，广东省各市县的公共图书馆开始大踏步前进，依托广东省雄厚的经济基础以及党和政府制定的将广东建设成为文化大省的战略目标、建立流动图书馆的政策，使得广东省的图书馆数量激增，图书资源数字化程度日趋完善，很好地满足了广大群众的文化需求，并使他们在家门口就可以享受到优质的图书馆服务，这种以人为本的服务理念推动了广东省公共图书馆的发展，进而产生了例如广东省立中山图书馆这种享誉世界的知名图书馆，也为广东省文化的发展提供了重要的资源支持。

从浙江省和广东省的公共图书馆我们可以推测出，海上丝绸之路地区的图书馆事业借助着改革开放的全面推进，已在21世纪的头十年发展成为引领全国甚至是世界图书馆的一股中坚力量。

在高校图书馆建设方面，海上丝绸之路地区也走在了其他地区的前面。由于海上丝绸之路地区名校云集，大量优质的人才出于这些高校，所以这一地区的高校图书馆也在改革开放之后开始高速发展。例如浙江省的高校，在改革开放之前，没有一所高校有图书情报专业，这使得在改革开放之初，省内图书馆的图书情报专业人员奇缺，导致高校图书馆的发展不能跟随经济发展的步伐。但随着20世纪80年代各大高校逐渐设立了图书情报专业，并选派人员到国外先进的图书馆进修学习，图书馆管理人才的缺口逐渐被补上。有了优秀的管理人员，高校图书馆在新的管理理念和图书馆新思想的驱动下快速发展起来，并在图书馆研究领域取得了累累硕果，关于图书馆学的著作大量出现，又进一步促使浙江省的高校图书馆向科学方向转型。得益于改革开放，这一系列的成果促使浙江省的高校图书馆随着浙江各大高校的发展向世界先进水平迈进。广东省的高校图书馆在十一届三中全会以后，馆藏建设出现了繁荣的场面，伴随着高等学校的大发展，广东省的各大高校图书馆事业在数量和质量上都有了飞跃式的发展。随着20世纪90年代网络时代的到来，广东省的高校图书馆也进入了发展的快车道，图书资源数字化成为各大高校图书馆的重点改革方向。进入21世纪以后，高校图书馆事业被推向了一个前所未有的高潮，广东全省的高校图书馆馆藏建设突飞猛进，由于广东省地处中国的南部，与东南亚各国相邻，所以广东省高校图书馆的馆藏中包括泰国、印尼、越南等诸多东南亚国家的文献馆藏，这也是广东各大高校图书馆的一大特色。可见，海上丝绸之路地区中各省高校图书馆发展各有特色，发展程度也各有不同，不能笼统概括。但海上丝绸之路地区的高校图书馆取得了巨大的进步，其发展成果也是显而易见的。

第三节 "一带一路"区域内图书馆事业的新腾飞

世界在这个飞速发展的时代中正发生着日新月异的变化,在国际金融危机深层次影响继续显现,世界经济缓慢复苏、发展分化的大背景下,包括中国在内的各国面临着前所未有的严峻的发展问题。自十一届三中全会以来,我国的改革开放事业在经济文化等诸多领域取得了巨大成就,但在这些成就背后也显露出了缺乏顶层设计、谋子不谋势和不注重改善国际发展环境等问题,这就迫切需要将加强各方面改革开放的措施系统化。以开放促改革是我国改革开放的基本经验,其成功秘诀在于通过主动融入世界市场为公司治理、政府治理引入外部监督从而提高治理效率。但是,改革开放后的30多年来,无论是宏观层面,还是微观层面,效率低下等问题仍得不到根本解决,亟待全面深化改革。在这一改革的转折点上,中国共产党第十八次全国代表大会召开了。

2012年11月8日,这个日子注定是不平凡的,势必会在中国的历史长河中留下浓墨重彩的一笔。就在这一天,中国共产党第十八次全国代表大会(简称十八大)在北京的人民大会堂胜利召开。此次大会选举产生了新一届的中共中央领导层,确立了以习近平同志为总书记的党中央,这次党的换届选举在多年后的今天来看是引领我党走向辉煌的新起点。党的十八大是在全面建设小康社会关键时期和深化改革开放、加快转变经济发展方式攻坚时期召开的一次十分重要的大会,对于我们党团结带领全国各族人民,继续全面建设小康社会,加快推进社会主义现代化,开创中国特色社会主义事业新局面,产生了重大而深远的影响。

十八大召开后的第二年,习近平总书记在出访中亚和东南亚国家时,先后提出共建"丝绸之路经济带"和"21世纪海上丝绸之路"的重大倡议,这一重要讲话得到了国际社会的高度关注,丝绸之路的建设第一次上升到国家级顶层战略的层面上来,古老的丝绸之路有了新的定义,焕发出了新的生命。

2016年10月24日,十八届六中全会在北京召开,会议号召全党同志紧密团结在以习近平同志为核心的党中央周围,全面深入贯彻本次全会精神,牢固树立政治意识、大局意识、核心意识、看齐意识,坚定不移地维护党中央权威和党中央集中统一领导,继续推进全面从严治党,共同营造风清气正的政治生态,确保党团结带领人民不断开创中国特色社会主义事业新局面。确立习近平统治的核心地位，对于正处改革攻坚期的中国来说，具有独特的意义。对于"一带一路"的建设，其意义更加重大。

"一带一路"的内含

"一带一路"是"丝绸之路经济带"和"21世纪海上丝绸之路"的简称。"一带一路"旨在借用古代丝绸之路的历史符号，高举和平发展的旗帜，积极发展与沿线国家的经济合作伙伴关系，共同打造政治互信、经济融合、文化包容的利益共同体、命运共同体和责任共同体。为更好地打造这一共同体，惠及"一带一路"沿线各国，就需要充分依靠中国与有关国家既有的双多边机制，并借助既有的、行之有效的区域合作平台。为贯彻落实好习近平总书记提出的这一高屋建瓴的战略构想，2015年3月28日，国家发展改革委、外交部、商务部联合发布了《推动共建丝绸之路经济带和21世纪海上丝绸之路的愿景与行动》，使"一带一路"在国家层面有了正式的文件，"一带一路"战略的进一步实施有了政策支持。

在这一国家大战略的背景下，习近平主席、李克强总理等国家领导人先后出访20多个国家，出席加强互联互通伙伴关系对话会、中阿合作论坛第六届部长级会议等诸多重要的会议，就双边关系和地区发展问题，多次与有关国家元首和政府首脑进行会晤，深入阐释"一带一路"的深刻内涵和积极意义，就共建"一带一路"与许多国家达成广泛共识。其中，在2015年5月7日，习近平主席对欧亚三国进行了访问，首站便抵达丝绸之路经济带区域内的哈萨克斯坦。此次访问哈萨克斯坦被视作是"丝绸之路经济带"的落实之旅，这次访问也进一步推动了"一带一路"的建设，并受到西亚各国的欢迎。同年，在博鳌亚洲论坛开幕式上，习近平发表主旨演讲，表示"一带一路"建设不是要替代现有地区合作机制和倡议，而是要在已有基础上，推动沿线各国实现经济战略相互对接、优势互补。就是在习近平主席等国家领导人的不断努力下，惠及亚欧非三大洲的"一带一路"建设取得了巨大成就。

在详述"一带一路"的同时，需要为读者解读一下《推动共建丝绸之路经济带和21世纪海上丝绸之路的愿景与行动》，这样会使读者更好地了解"一带一路"的真正含义。在这份高瞻远瞩的公告中，我国结合整个欧亚大陆的经济情况，提出了符合欧亚大陆经济整合的大战略。这个大战略分别为丝绸之路经济带战略和21世纪海上丝绸之路经济带战略。两者合起来就是我们常说的"一带一路"战略。

其中，丝绸之路经济带战略涵盖东南亚经济整合和东北亚经济整合，并最终融合在一起通向欧洲，形成欧亚大陆经济整合的大趋势。经过综合考虑，中央圈定了新疆、重庆、陕西、甘肃、宁夏、青海、内蒙古、黑龙江、吉林、辽宁、广西、云南、西藏13省市自治区作为丝绸之路经济带，这些地区也基本是西北丝绸之路地区、草原丝绸之路地区和西南丝绸之路地区所覆盖的省市自治区。这也说明，古老的丝绸之路并没有因为时代的进步被人们忘却，反而在新的时期有了新的内容。在这13个省市自治区中，新疆被摆在了丝绸之路经济带中的核心位置。根据公告的内容，要发挥新疆独特的区位优势和向西开放的重要窗口作用，深化与中亚、南亚、西亚等国家交流合作，形成丝绸之路经济带上重要的交通枢纽、商贸物流和文化科教中心，打造丝绸之路经济带核心区。这样，曾经的西北丝绸之路和草原丝绸之路的交汇地带在21世纪又有了崭新的意义，打造文化科教中心的目标也为古老丝绸之路的文化事业发展奠定了向上的新基石。

  以海洋作为纽带，来达到联通欧亚非三个大陆的21世纪海上丝绸之路经济带，圈定了上海、福建、广东、浙江、海南5个省市。在总战略上以期与丝绸之路经济带战略形成一个海上、陆地的闭环，这个闭环直接涉及中国大陆的18个省、自治区、直辖市。公告着重提出在21世纪海上丝绸之路经济带中，要推进浙江海洋经济发展示范区、福建海峡蓝色经济试验区和舟山群岛新区建设，加大海南国际旅游岛开发开放力度。利用长三角、珠三角、海峡西岸、环渤海等经济区开放程度高、经济实力强、辐射带动作用大的优势，加快推进中国（上海）自由贸易试验区建设，支持福建建设成为"21世纪海上丝绸之路核心区"。充分发挥深圳前海、广州南沙、珠海横琴、福建平潭等开放合作区作用,深化与港澳台的合作,打造粤港澳大湾区。加强上海、天津、宁波—舟山、广州、深圳、湛江、汕头、青岛、烟台、大连、福州、厦门、泉州、海口、三亚等沿海城市港口建设,强化上海、广州等国际枢纽机场功能。以扩大开放倒逼深层次改革,创新开放型经济体制机制,加大科技创新力度,形成参与和引领国际合作竞争新优势,成为"一带一路"特别是21世纪海上丝绸之路建设的排头兵和主力军。特别要发挥海外侨胞以及香港、澳门特别行政区独特的优势,积极参与和助力"一带一路"建设。

"一带一路"所覆盖的18个省、自治区、直辖市,各有千秋,发展程度也存在较大的差异,如何发挥这18个省、自治区、直辖市的区位优势,让它们可以扬长避短,为建设"一带一路"发挥出最大的能量,这就需要为每一个省、自治区、直辖市制定出一个具体的发展方向。而在《推动共建丝绸之路经济带和21世纪海上丝绸之路的愿景与行动》中,就予以明确了各省份在"一带一路"规划中的定位。对古老的西北丝绸之路地区涵盖的陕西、甘肃、宁夏、青海四地的定位是形成面向中亚、南亚、西亚国家的通道、商贸物流枢纽、重要产业和人文交流基地。对海上丝绸之路地区所囊括的沿海诸市的定位是加强沿海城市港口建设,强化国际枢纽机场功能。 对草原丝绸之路地区辐射的内蒙古、黑龙江、吉林、辽宁、北京的定位是建设向东北亚开放的重要窗口。广西的定位是21世纪海上丝绸之路与丝绸之路经济带有机衔接的重要门户；云南的定位是面向南亚、东南亚的辐射中心；打造重庆西部开发开放的重要支撑以及借助"一带一路"建设好郑州、武汉、长沙、成都、南昌、合肥等内陆开放型经济高地。另外，新疆被定位为"丝绸之路经济带核心区"，福建则被定位为"21世纪海上丝绸之路核心区"。

根据公告，我们了解到共建"一带一路"是在顺应世界多极化、经济全球化、文化多样化、社会信息化的潮流下开展的，并且秉持开放的区域合作精神，致力于维护全球自由贸易体系和开放型世界经济，这对发展全球经济和文化具有巨大的推动作用。共建"一带一路"也符合国际社会的根本利益，彰显人类社会共同理想和美好追求，是国际合作以及全球治理新模式的积极探索，将为世界和平发展增添新的正能量。致力于亚欧非大陆及附近海洋互联互通的"一带一路"，其有利于建立和加强沿线各国互联互通伙伴关系，构建全方位、多层次、复合型的互联互通网络，实现沿线各国多元、自主、平衡、可持续的发展。"一带一路"在区域内带来的互联互通也会更大程度地发掘市场潜力，促进区域内的投资和消费，进而为沿线各国创造需求和就业，增进沿线各国人民的人文交流与文明互鉴，让各国人民共享和谐、安宁、富裕的生活。"一带一路"建设带来的这些美好的愿景也是古代丝绸之路文化的一种互帮互助的精神传承，在这个全球化的时代中，这种精神传承会为包括中国在内的许多国家和人民带来切实的好处。

"一带一路"战略既是今后一个时期内我国对外开放的总纲领，也理应成为全面深化改革的总钥匙。在研究了"西方经验"带来的局限性后，"一带一路"战略的实施将让我国的经济和文化水平迈上一个新台阶。

十八大以后对文化事业的建设

党的十八大以来，文化事业的建设成为继经济建设后的又一个重要发展领域，党和政府在许多会议和制定的政策计划中，都把发展文化事业放在显要位置上来谈。从十八大召开到今天，4年多的时间里，以习近平同志为核心的党中央高度重视文化建设，对文化改革发展做出一系列重要论述，提出新高度、新思想、新观点、新要求。各地有关部门也认真贯彻落实中央部署，全面深化文化体制改革，始终坚持把社会效益放在首位，创新公共文化服务运行机制，为中国梦凝聚起强大的精神文化力量。随着施政目标的全面推进，习近平总书记弘扬中华优秀传统文化、提升国家文化软实力、建设社会主义文化强国等文化战略逐渐清晰，并成为引领我国文化事业发展的最高指示精神。

党的十八大报告中将"建设社会主义文化强国，关键是增强全民族文化创造活力"放在了重要位置来叙述。这一重要论断为我们坚持中国特色社会主义文化发展道路，深入推进文化体制改革，建设社会主义文化强国指明了方向。4年多来，以习近平总书记为核心的党中央对文化体制改革的重视前所未有，文化体制改革的战略部署前所未有。开展以简政放权为最大特点的新一轮改革，加快转变文化行政部门职能，使市场在资源配置中起决定性作用；不断建立健全文化市场体系，鼓励各类市场主体公平竞争、优胜劣汰，促进文化资源在全国范围内流动；不断深化文化金融合作，文化企业跨地区、跨行业、跨所有制并购重组持续升温，文化产业迎来了资本市场的春天。

2013年3月习近平在十二届全国人大一次会议闭幕会上谈道："中华民族具有5000多年连绵不断的文明历史，创造了博大精深的中华文化，为人类文明进步做出了不可磨灭的贡献。经过几千年的沧桑岁月，把我国56个民族、13亿多人紧紧凝聚在一起的，是我们共同经历的非凡奋斗，是我们共同创造的美好家园，是我们共同培育的民族精神，而贯穿其中的、最重要的是我们共同坚守的理想信念。"从这次讲话中，我们可以清楚地看到发展中华民族的传统文化是以习近平总书记为核心的党中央极为关心的事情。因为中华民族的传统文化积淀着中华民族最深沉的精神追求，是中华民族生生不息、发展壮大的丰厚滋养，大力发展文化事业以及将发展文化事业摆在与经济发展同等重要的位置上对中华民族的伟大复兴，对中国梦的实现有着不可估量的助力。新时期的中华各族人民也一定能够创造出中华文化的新辉煌。

在这4年的文化建设中，党和政府在文化事业的建设中加强学习习近平总书记的讲话精神，将总书记的指示精神落到了实处。这也使得中华民族文化事业开始加速复兴，而在文化事业复兴上起到决定作用的是中央大力推进的文化体制改革，以改革促发展。在这方面，习近平总书记就有对文化体制改革的重要指示，他说："在推进文化体制改革、繁荣发展文化事业和文化产业的过程中，要把握好意识形态属性和产业属性、社会效益和经济效益的关系，始终坚持社会主义先进文化的前进方向，始终把社会效益放在首位。无论改什么、怎么改，导向不能改，阵地不能丢。"这段高屋建瓴的讲话点明了今后我国文化事业发展的方向和关键要素，为包括图书馆事业在内的文化事业指明了一条康庄大道。

在此基础之上，为进一步加快文化事业建设工作，中央提出了要全面深化文化体制改革，其核心内容就是要激发中华民族的文化创造活力。在这方面，习近平总书记提出指示："要坚持走中国特色社会主义文化发展道路，弘扬社会主义先进文化，推动社会主义文化大发展大繁荣，不断丰富人民精神世界，增强人民精神力量，努力建设社会主义文化强国。"通过这次的讲话，进一步明确了文化体制改革要在中国社会主义建设的框架内进行，以建设社会主义先进文化为首要目标，而发展文化事业的最终目的是要不断丰富人民的精神生活，进而使人民有力量为社会主义文化事业添砖加瓦。这是一个环环相扣的过程，也是深化文化体制改革和振兴中国传统文化的必由之路。

2015年9月，为加快社会主义文化事业的步伐，提升国有文化企业在文化事业建设中的作用，从而为其他文化单位起到示范效应。中共中央办公厅和国务院办公厅共同印发了《关于推动国有文化企业把社会效益放在首位、实现社会效益和经济效益相统一的指导意见》。从中共中央办公厅和国务院办公厅这两个机构就可以看出党中央对社会主义文化事业的重视程度，这份文件旨在把实现"双效统一"作为制度固化于企业发展过程中，进而为形成体现文化企业特点、符合现代企业制度要求的资产组织形式和经营管理模式奠定了坚实基础。"双效统一"就是强调社会效益、注重道德力量调节的具体表现，这是十八大以来文化改革发展的突出亮点，是解决怎样弘扬中国精神、传播中国价值、凝聚中国力量的关键一步。

前面说了，发展社会主义文化事业的最终目的是要不断丰富人民的精神生活，为各族人民带来文化的饕餮盛宴。所以如何创新公共文化服务和更广更好地惠及人民群众就成了全面深化文化体制改革的关键。为解决这两个关键的问题，以习近平总书记为核心的党中央将发展和完善公共文化服务体系作为突破口。十八大时，提出要加快推进文化惠民工程，推动公共文化服务设施向社会免费开放；十八届三中全会提出"建立健全现代公共文化服务体系"；十八届四中全会提出，要制定公共文化服务保障法；2015年初，中共中央办公厅和国务院办公厅印发《关于加快构建现代公共文化服务体系的意见》，对现代公共文化服务体系建设进行了顶层设计。习近平总书记曾说过："要大力繁荣发展文化事业，以基层特别是农村为重点，深入实施重点文化惠民工程，进一步提高公共文化服务能力，促进基本公共文化服务标准化、均等化。"这也足见公共文化服务体系对文化事业发展的作用是多么关键，包括图书馆事业在内的公共文化服务体系也在党中央的支持下快速发展起来，并惠及了更多的人民群众。

在这一方面，"一带一路"区域内的内蒙古实施了"数字文化走进蒙古包"工程，惠及农牧民10万余人；浙江建成农村文化礼堂3000多家，打造农村文化综合体……正是这些公共文化服务体系建设的新景象，为中华民族的伟大复兴和实现中国梦做出了巨大的贡献，这也是党中央创新公共文化服务体系和模式的生动写照。在这些精神的指引下，"文化民生"风生水起，日益完善的公共文化服务体系正在更广更深地惠及人民群众。

"一带一路"经济带内的图书馆事业

随着"一带一路"建设的深入开展和文化体制改革有条不紊地进行，"一带一路"区域内的文化事业在党和政府的支持和努力下飞速发展。尤其是公共文化服务体系建设，被以习近平总书记为核心的党中央列为繁荣文化事业的关键一步。在公共文化服务体系中，图书馆事业可以说是其重要组成部分，承担着保存人类文化遗产、提供知识信息、传播先进文化、开展社会教育的重要职责，为中国特色社会主义事业建设提供信息资源支撑和智力支持，并满足人民日益增长的精神文化需求，所以发展好公共图书馆事业对繁荣我国的文化事业和建设惠民工程至关重要。显然，党中央早已认识到了这一点。在十八大召开的第二年，即2013年1月30日，文化部发出关于《全国公共图书馆事业发展"十二五"规划》的通知，将发展全国公共图书馆事业作为"十二五"规划的重要目标，可见公共图书馆事业在整个文化事业建设中的重要地位。

"十二五"时期是全面建设小康社会的关键时期，是深化改革开放、加快转变经济发展方式的攻坚时期，也是推动社会主义文化大发展大繁荣、增强国家文化软实力、进一步推进公共文化服务体系建设的重要战略机遇期。而"一带一路"战略是国家的顶层设计，在发展经济的同时，也对发展文化事业有着不可估量的作用。这二者在这一时期相遇了，定会为"一带一路"区域内的图书馆事业带来质的提升。

此次制定的图书馆事业发展"十二五"规划，对于在"一带一路"区域内的公共图书馆和高校图书馆事业的发展方向、总体思路和重点任务，推动公共图书馆事业和高校图书馆更好更快发展，促进公共文化服务体系建设具有重要意义，也取得了巨大的成果。今年也是公共图书馆事业和高校图书馆事业发展"十二五"规划的收官之年,所以我们下面要详细阐述在"十二五"规划中"一带一路"区域内的图书馆事业。

一、"一带一路"区域内的公共图书馆事业

丝绸之路经济带在继承了西北、西南和草原丝绸之路区域内公共图书馆的基础上,结合关于公共图书馆事业的"十二五"规划,使得丝绸之路经济带中的公共图书馆呈现出一种传统与数字化相结合的发展状态。而21世纪海上丝绸之路经济带则大致囊括了从前海上丝绸之路的区域,所以其发展也大致继承了海上丝绸之路地区内的公共图书馆的发展,并且在此基础之上通过21世纪海上丝绸之路的建设积极转变公共图书馆的办公模式和馆藏配置,利用其与外部交流方便的地理优势学习国外图书馆办馆的先进理念,并大胆创新图书馆管理制度和应用先进的数字技术,使得这一地区的公共图书馆事业成功转型升级。

公共图书馆事业可以说是保障人民基本文化权益的重要阵地,发展好公共图书馆事业,是建设好我国公共文化服务体系的重要基础,是城市文明进步程度的重要检验指标。在回看十八大以来,特别是公共图书馆"十二五"规范所取得的成果时,我们不妨回顾一下公共图书馆事业在"十一五"期间所取得的成就。在"十一五"期间,党中央和地方政府就开始加大对公共图书馆建设的支持力度,公共图书馆方面的财政投入逐年增加,并在公共图书馆的法制建设上取得重要成果。通过实施县级图书馆建设、县级图书馆修缮、全国文化信息资源共享工程、乡镇综合文化站建设等重点文化工程,各地公共图书馆服务设施网络不断完善,文献资源日益丰富,服务理念不断创新,服务手段不断增加,服务能力显著提升,队伍素质稳步提高,社会效益明显增强,公共图书馆事业呈现出蓬勃发展、整体推进的良好发展局面。这也为公共图书馆事业在"十二五"期间的快速发展铺平了道路。

在"十二五"初期,虽然经过了"十一五"期间的快速发展,但在丝绸之路经济带中,由于地理、人口、思想开放度等诸多因素的影响,公共图书馆事业的发展在总体上仍滞后于丝绸之路经济带中经济社会的发展,这就使得丝绸之路经济带中人民日益增长的精神文化需求处于供不应求的状态,就更不要说为实现文化大发展大繁荣提供有力支持了。而制约丝绸之路经济带中公共图书馆发展的主要有设施网络还不够完善、服务网络不够健全、地区差异和城乡差异比较明显、文献资源保障力度有待加强以及队伍建设仍然很薄弱等问题。针对这些问题,在进入"十二五"规划期后,丝绸之路经济带囊括的省、自治区、直辖市的党和各级政府依托"一带一路"的整体布局,高度重视公共图书馆事业,为其发展提供了良好的政策环境,使得公共图书馆事业可以没有后顾之忧。在这短短的几年中，公共图书馆的建设深入基层和社区，甚至在一些偏远的山区和牧区都有流动的公共图书馆借阅室，这大大丰富了民众的精神生活，丝绸之路经济带中公共图书馆事业的地区差异和城乡差异明显减小。公共图书馆的发展也离不开丝绸之路经济带经济的腾飞。这为公共图书馆事业发展提供了坚实的经济基础，使得公共图书馆有了强大的技术支撑，图书馆文献的数字化逐渐普及，如银川市图书馆就于2015年启动了"一带一路"数字图书馆工程。良好的经济环境也为网络技术、数字技术等科学技术在图书馆中推广应用提供了坚实的基础，对图书馆的设备和管理服务产生了革命性的影响，也极大地丰富了公共图书馆对文献资源的利用和开发，为新时期公共图书馆事业提供了许多拥有新思想、新理念的人才。这也使得丝绸之路经济带中的公共图书馆在十八大后迎来了重要的发展机遇，借助"一带一路"对外联通的窗口，快速与国际接轨，实现了质的提升。由于丝绸之路经济带所处区域也是多种民族文化交汇的区域，所以发展具有民族特色的公共图书馆可以更好地满足各民族人民的文化需求，使各族人民都能分享到"一带一路"带来的文化盛宴。如内蒙古自治区，是丝绸之路经济带中重要的一环，区内特有的民族文献典籍、民族文明习俗等不同载体的地方文献资源借丝绸之路经济带建设的快车，充分利用公共图书馆这一平台优势和先进的数字技术，实现了特有的文献资源共享，促进了民族地区文献信息的交流与传播，这也是丝绸之路经济带中其他省、自治区、直辖市中公共图书馆发展的缩影。

21世纪海上丝绸之路经济带中图书馆事业在进入"十二五"时期后加快了发展的步伐，由于其优越的地理位置和自改革开放以来积极学习国外图书馆先进的办馆理念、引进与研发图书数字化技术，并借助党中央决心推进公共文化服务体系建设的重要战略机遇，公共图书馆在政策和资金等方面都得到了空前的支持，其也继续为21世纪海上丝绸之路经济带建设提供信息资源支撑和智力支持。党的十八大后，21世纪海上丝绸之路经济带的战略地位日益重要，由于包含东南沿海大部分地区的海上丝绸之路经济带承担着与沿线各国互联互通的使命，所以不仅对经济发展和建立全球新的经济增长点起到了推动作用，对建设我国的社会主义文化和更好地完善公共文化服务体系也产生了重大影响。在21世纪海上丝绸之路经济带建设期和"十二五"规划实施期中，公共图书馆作为公共文化服务体系的排头兵，党和政府高度重视，不但提供政策和资金支持，还在科学技术和发展规划上提供了帮助，使得21世纪海上丝绸之路经济带中的公共图书馆不但不断满足着人民群众不断增长的精神文化需求，而且还不断吸收着沿线各国的文献资料，为这一地区人民更深入地认识世界，为我国更好地与沿线各国协同发展，共同建设21世纪海上丝绸之路经济带做出了巨大贡献。与丝绸之路经济带不同的是，21世纪海上丝绸之路经济带中的公共图书馆在图书馆信息技术、文献资源数字化建设、图书馆设备新技术研发、图书馆人才培养等各方面已经取得了重大成果，如上海图书馆、浙江图书馆等许多这一地区的图书馆在上述领域已经处在世界领先水平，这又反过来为21世纪海上丝绸之路经济带的建设提供了理论支持和文献依据。

随着生活水平的不断提高和人民群众日益增长的文化需求，更好地保障人民群众的基本文化权益，是时代赋予我国公共图书馆事业的光荣职责和神圣使命。在"一带一路"战略的大背景下，在公共图书馆"十二五"规划的大机遇中，"一带一路"区域内的公共图书馆很好地把握住了机会，不断改革创新，充分发挥了公共图书馆在加快构建学习型社会、提高全民族文明素质和保障人民群众基本文化权益方面的积极作用，为实现中华民族的伟大复兴做出了巨大的贡献。

二、"一带一路"区域内的高校图书馆事业

高等院校作为人才培养的重要场所，理所应当地承担着为"一带一路"战略输送人才的任务。所以，在2013年习近平总书记提出共建"一带一路"的重要倡议后，"一带一路"建设就已经开始作为国家战略来执行了，而高校需要为"一带一路"建设承担更多的科研任务和人才培养任务。自2015年《推动共建丝绸之路经济带和21世纪海上丝绸之路的愿景与行动》发布后，"一带一路"战略有了权威的版本，这也指导了高等学校今后的工作方向，特别是作为高校智库的高校图书馆，更应该把高校图书馆

事业与"一带一路"战略紧密联系在一起。深刻学习"一带一路"战略，新时期的高校图书馆事业才能把握住转型升级的契机，掌握创新发展的秘诀。从目前来看，"一带一路"区域内的高校图书馆不仅要做好面向沿线各国人民的准备，更要为满足我国人民的文化生活需求做好充足的准备。

随着"一带一路"战略全面进入实施时期，高校图书馆对社会的开放程度也在逐渐扩大。高校图书馆不再拘泥于只为本校服务，而是欢迎更多的社会人士进入。而高校图书馆在这中间还起着对"一带一路"战略宣传的作用，让更多进入高校图书馆的民众对这一国家顶层设计有了更多的了解。这在"一带一路"区域内的高校图书馆内尤其明显。如地处丝绸之路经济带的兰州大学图书馆，在2015年就举办了以"一带一路书筑梦，一知一行学为峰"为主题的系列阅读活动，这一活动不但为高校师生宣传了"一带一路"方面的知识，也展示了图书馆在"一带一路"特藏资源建设方面的成果。不仅如此，兰州大学图书馆的这次系列阅读活动还吸引了当地社会各阶层的民众，并取得了很好的效果。由此可以看出，正是"一带一路"建设为高校图书馆转型升级提供了明确的方向，促进了高校图书馆的发展。

丝绸之路经济带中的高校图书馆，为服务好"一带一路"战略，在这几年中，将"一带一路"战略当作高校图书馆建设的指导纲领，并在区域内建立了"一带一路"数据库和"丝绸之路图书馆"等专门收集"一带一路"图书资源的资料中心。如西北大学图书馆、青海师范大学图书馆等高校，为建立"一带一路数据库"引进了具有权威性的"一带一路"数据库和"一带一路"战略支撑平台。通过这两个数据库，使得高校图书馆在建设"一带一路"数据库上游刃有余。而在如云南和广西等西南地区，作为多民族地区和与东南亚相邻地区，其自然也成为"一带一路"互联互通的重要纽带，而这一地区的高校图书馆在发展中也兼顾了区域性特征，如广西的高校图书馆，其馆藏中就收藏有不少关于东南亚各国的文献资源，在建立"一带一路"数据库和图书馆的过程中，这些独特的资源就是其发展的优势所在，对该区域内"一带一路"的研究也有相当多的益处，进一步促进了"一带一路"战略理论体系的形成和完善。

在高校图书馆服务方面，随着"一带一路"互联互通的作用，一些新的高校图书馆服务理念被丝绸之路经济带中的大部分高校所接受，使得高校图书馆不仅提高了馆藏资源的利用率，而且更加重视读者的意见。高校图书馆的人性化管理和服务意识越来越强。也正是由于这种人性化的服务，使更多的读者参与到了"一带一路"图书资源的建设中来。以笔者工作的内蒙古农业大学图书馆为例，作为丝绸之路经济带中的高校图书馆，内蒙古农业大学图书馆在"一带一路"战略框架下，积极转变传统的图书馆服务理念，坚持了"以人为本，服务创新"的办馆理念，通过不断改善基础设施和网络环境，大力加强各类馆藏文献信息资源建设，完全实现了读者自助借还图书、自助预约座位和自助打印复印等业务，为全校教学科研、人才培养等起到了重要的支撑和保障作用。

21世纪海上丝绸之路经济带中的高校图书馆借助海上丝绸之路优越的互联互通渠道，能够在第一时间获得先进的科学技术和办馆理念。地处开放性海洋文化地域中的高校图书馆自"一带一路"战略提出后，更加积极地吸收21世纪海上丝绸之路经济带沿线各国的先进文化，并在馆藏中增加了很多关于"一带一路"的图书资源，开启了区域学习合作的新篇章。这使得这一地区高校中的师生和社会各界人士可以更容易地接触到"一带一路"所带来的文化风暴，对更深入地解放思想、发展经济具有重要的意义。以浙江大学图书馆为例，搭"一带一路"建设的顺风车，浙江大学图书馆充分发挥区位优势，搭建跨学科研究平台，启动文化战略智库建设。浙江大学以浙江大学图书馆为依托，并根据国家战略需求，发挥自身特长，筹建了"一带一路"合作与发展协同创新研究中心，将其打造成了国家级智库平台。该中心紧紧围绕国家战略，聚焦"一带一路"合作与发展的重大理论和现实问题，全面汇聚、有机整合、合理配置、高效利用协同创新资源，积极探索、科学建构、逐步完善协同创新体制机制，为国家重大战略实施提供高质量的智力支撑。不仅如此，浙江大学还着眼于与丝绸之路经济带中的高校开展合作，如与新疆文物局、浙江文物局、塔里木大学联合成立"新疆文化遗产保护研究战略合作四方联盟"，共同开展新疆地区文物资源数字化采集和遗址环境监测工作，而这些都离不开浙江大学图书馆的帮助。从这些成果中可以看出，21世纪海上丝绸之路经济带中的高校图书馆在发展中不再局限于在图书馆或者本地区开展文化活动，而是积极与外界寻求合作，使得高校图书馆的活动更加开放、更加多样。高校图书馆为"一带一路"建设提供着必要的智力支持，而这种智力支持也会随"一带一路"战略的深入开展而变得更加重要，21世纪海上丝绸之路经济带中的高校图书馆也会因此得到更大的发展空间。